MUKTAMAD BALDU MERAH BAKAR

Koleksi 100 Hidangan Baldu merah Mewah

Jane Manicka

Bahan Hak Cipta ©2024

Hak cipta terpelihara

Tiada bahagian buku ini boleh digunakan atau dihantar dalam apa jua bentuk atau dengan apa cara sekalipun tanpa kebenaran bertulis yang sewajarnya daripada penerbit dan pemilik hak cipta, kecuali petikan ringkas yang digunakan dalam semakan. Buku ini tidak boleh dianggap sebagai pengganti nasihat perubatan, undang-undang atau prdaripadaesional lain.

ISI KANDUNGAN

ISI KANDUNGAN 3
PENGENALAN 6
MEMBAKAR SARAPAN 7
   1. Tart Pop Protein Baldu merah 8
   2. Lempeng Baldu merah Dengan Topping Kefir 11
   3. Mangkuk Smoothie Baldu merah 14
   4. Baldu merah Crepes Dengan Isi Keju krim 16
   5. Gulungan Kayu Manis Baldu merah 18
   6. Donat Bakar Baldu merah 21
   7. Lempeng Mengembung Baldu merah 23
   8. Wafel Keju Baldu merah 25
   9. Roti Bakar Perancis Baldu merah 27
   10. Roti Pisang Baldu merah 29
   11. Wafel Mochi Baldu merah 31
   12. Telur Acar Baldu merah 33
   13. Latkes Baldu merah 35
   14. Hash Baldu merah 37
   15. Pizza Telur Baldu merah 39
   16. Baldu merah Oatmeal Bakar 41
   17. Bar Sarapan Baldu merah 43
   18. Puding Roti Baldu Merah 45
   19. Roti Bakar Perancis Bakar Baldu merah 47
   20. Bakar Lempeng Baldu merah 49
   21. Scone Baldu merah 51
   22. Biskut Sarapan Baldu merah 53
   23. Donat Baldu merah 56
   24. Donat Kek Baldu merah Dengan Sayu Keju 59
   25. Muffin Baldu merah Dengan Topping Streusel 62
   26. Roti Pisang Baldu merah 65
   27. Baldu merah Kek Teh 67
   28. Lempeng Sumbat Baldu merah 69
   29. Muffin Mochi Strawberi Segar 72
   30. Muffin Baldu merah Nutella Mochi 75
   31. Lempeng Margarita Strawberi 77
   32. Donat Godiva 80
SELERA MAKAN DAN SNEK 83
   33. Bom Baldu merah 84
   34. Bar Labu Baldu merah 86

35. Baldu merah Fudge Protein Bars 88
36. Baldu merah Puppy Chow 90
37. Campuran Pesta Baldu merah 92
38. Bebola Kek Baldu Merah 94
39. Cawan Baldu merah Perkara remeh 97
40. Bola Keju Baldu merah 99
41. Baldu merah Kek keju Brownie Gigitan 101
42. Nasi Merah Baldu Krispies 104
43. Kerepek Baldu merah 106
44. Baldu merah Crinkle Cookies 108
45. Baldu merah Kek keju Berpusing Blondies 110
46. Pai Whoopie Baldu merah 112
47. Brownies Putar Baldu merah 115
48. Bar Kuki Baldu merah 117
49. Biskut Baldu merah Keju krim Stuffed 119
50. Bonbon Baldu Merah 122
51. Baldu merah Pull-Aparts 124
52. Kulit Baldu Merah 126
53. Bar Baldu merah & Açaí Maqui Beri 128
54. Nasi Merah Baldu Krispies 130
55. Jem Dan Madeleines Kelapa 132

PENJERAHAN **135**

56. Biskut Baldu merah Sumbat Keju Krim 136
57. Ladu Rhubarb 139
58. Kek Baldu merah Tres Leches 142
59. Gula-gula Cane Kek Gulung 145
60. Kek cawan Piñata 148
61. Kek Pendek Coklat Strawberi 151
62. Kek Gula Cookie Mug 153
63. Makaroni Mawar Raspberi 155
64. Kek cawan Baldu merah 159
65. Kek Ais Baldu merah 161
66. Souffle Strawberi 164
67. Kek Baldu merah 166
68. Biskut Coklat Cip Baldu merah 169
69. Wafel Aiskrim Baldu merah 172
70. Kek Keju Mini Baldu merah 175
71. Muffin Keju Krim Baldu merah 178
72. Tart Raspberi Baldu merah 181
73. Souffles Baldu merah 183
74. Biskut Cap Ibu Jari Baldu merah Diisi Coklat Putih 186
75. Kek Kopi Baldu merah 188
76. Baldu merah Kek keju Mousse 190
77. Baldu merah-Beri Cobbler 192

78. Kek Buah Baldu Merah 195
79. Biskut Baldu merah 197
80. Macarons Baldu merah 199
81. Peppermint Éclairs 202
82. Pai Chiffon Jambu Batu 205
83. Kek Baldu merah Bundt 208
84. Pai Kotak Ais Baldu Merah 211
85. Kek Ceri Kek keju Dengan Kaca Cermin Merah 213
86. Kek Bit Baldu merah 217
87. Beet Gratin 219
88. Souffle Hijau Bit 221
89. Baldu merah Beet Mousse 223
90. Roti Kacang Bit 225
91. Baldu merah Coklat Raspberi Éclairs 227
92. Macarons Raspberi Rose Lychee 230
93. Kek Brunch Rhubarb Ribbon 234
94. Kek Keju Raspberi Truffle 237
95. Kek Keju Tampal Labu 239
96. Kek Cawan Gula-gula Kaca Cermin Merah 241
97. Pai Whoopie Baldu merah 245
98. Puding Roti Baldu merah Dengan Sos Bourbon 247
99. Raspberi Lamington 249
100. Macarons Espresso Kulit Pudina 252

KESIMPULAN 256

PENGENALAN

Manjakan diri dalam dunia baldu merah dekaden dengan "Muktamad Baldu merah Bakar: A Koleksi daripada 100 Mewah Baldu merah Merawat." Baldu merah, dengan warna yang kaya, tekstur baldu, dan rasa yang tidak dapat dinafikan, telah memikat peminat pencuci mulut di seluruh dunia. Dalam buku masakan ini, kami menjemput anda untuk meneroka kemungkinan tidak berkesudahan rasa ikonik ini dengan koleksi susun atur 100 resipi baldu merah mewah yang pasti akan memuaskan keinginan manis anda dan meningkatkan repertoar pembakar anda.

Daripada kek baldu merah klasik yang dihiasi dengan pembekuan keju krim kepada kelainan yang inovatif seperti brownies kek keju baldu merah dan penkek baldu merah, setiap resipi dalam buku masakan ini adalah meraikan daya tarikan baldu merah yang memanjakan. Sama ada anda merancang majlis khas, perhimpunan perayaan atau sekadar mengidamkan hidangan yang membosankan, anda akan mendapat inspirasi dan kegembiraan dalam halaman ini.

Dengan arahan yang jelas, petua berguna dan fotografi yang menakjubkan, "Muktamad Baldu merah Bakar" memperkasakan anda untuk mencipta semula keajaiban baldu merah di dapur anda sendiri dengan mudah dan yakin. Sama ada anda seorang tukang roti yang berpengalaman atau peminat yang baru, resipi ini direka untuk menarik perhatian dan menggembirakan, memastikan setiap suapan adalah rasa kemewahan murni.

Jadi, panaskan ketuhar anda, habukkan mangkuk adunan anda dan bersedia untuk memulakan perjalanan yang lazat melalui dunia baldu merah. Sama ada anda memasak untuk diri sendiri, orang yang anda sayangi atau majlis istimewa, "Muktamad Baldu merah Bakar" berjanji untuk meningkatkan permainan baking anda dan membuatkan anda semakin mengidam.

MEMBAKAR SARAPAN

1.Tart Pop Protein Baldu merah

BAHAN-BAHAN:
- ¼ cawan Tepung Oat
- 1½ sudu besar Serbuk Protein Coklat
- 1 sudu besar Serbuk Mentega Kacang
- 2 sudu teh Serbuk Koko Tanpa Gula
- 3 sudu besar Yogurt Greek Plain Tanpa lemak, Sejuk
- ½ sudu teh Cecair Pewarna Makanan Merah

PENGISIAN:
- 2 sudu besar Yogurt Greek Plain Tanpa lemak
- 1 sudu besar Serbuk Protein Vanila

FROSTING:
- 1 sudu besar Yogurt Greek Plain Tanpa lemak
- 1½ sudu teh Zero Calorie 1:1 Pengganti Gula Serbuk, atau biasa

ARAHAN:
a) Proses tepung oat, serbuk protein, serbuk mentega kacang dan serbuk koko dalam pemproses makanan.
b) Tambah Greek Yogurt dan pewarna makanan merah, dan proses untuk membentuk bebola doh – kira-kira 15 saat; berhenti sebaik sahaja bola terbentuk.
c) Canai bebola doh dan kemudian menjadi segi empat tepat (kira-kira 10"x4", ¼" tebal); gunakan kepingan sekerap di sekeliling tepi untuk membuat bentuk yang betul jika perlu.
d) Potong kepada 2 bahagian (5"x4" setiap satu).

BUAT PENGISIAN:
e) Dalam mangkuk, pukul yogurt Yunani dan serbuk protein vanila.

MASUKKAN DAN BAKAR:
f) Ambil satu doh segi empat tepat dan sapukan inti di tengah (tinggalkan kira-kira ½" dari tepi).
g) Tutup dengan segi empat tepat yang lain dan tutup tepi dengan garpu.
h) Letakkan dalam bakul air fryer dan masak pada 400°F selama 7 minit.
i) (atau bakar pada suhu 425°F selama 8-9 minit, terbalikkan separuh jalan)
j) Biarkan sejuk selama beberapa minit.

FROSTING:
k) Kacau yogurt dan pemanis dalam mangkuk dan sapukan di atas pop tart yang telah disejukkan.
l) Taburkan pada serbuk doh jika ada.

2. Lempeng Baldu merah Dengan Topping Kefir

BAHAN-BAHAN:
TOPPING
- ½ cawan kefir biasa
- 2 sudu besar gula halus

PANKEK
- 1¾ cawan oat gulung kuno
- 3 sudu besar serbuk koko
- 1½ sudu teh serbuk penaik
- 1 sudu teh baking soda
- ¼ sudu teh garam
- 3 sudu besar sirap maple
- 2 sudu besar minyak kelapa, cair
- 1½ cawan 2% susu rendah lemak
- 1 biji telur besar
- 1 sudu kecil pewarna makanan merah
- Cukur coklat atau kerepek, untuk dihidangkan

ARAHAN:

a) Untuk topping, masukkan kedua-dua bahan ke dalam mangkuk kecil dan kacau sehingga sebati. Mengetepikan.
b) Untuk penkek, tambah semua item ke dalam pengisar berkelajuan tinggi dan blitz pada tinggi untuk mencairkan. Pastikan semuanya sebati.
c) Biarkan adunan berehat selama 5 hingga 10 minit. Ini membolehkan semua bahan bergabung dan memberikan adunan konsistensi yang lebih baik.
d) Semburkan kuali atau griddle tidak melekat dengan minyak sayuran dan panaskan dengan api sederhana.
e) Setelah kuali panas, masukkan adunan menggunakan cawan penyukat ¼ cawan dan tuangkan adunan ke dalam kuali untuk membuat penkek. Gunakan cawan penyukat untuk membantu membentuk lempeng.
f) Masak sehingga bahagian tepi kelihatan set dan buih terbentuk di tengah, 3 minit, kemudian terbalikkan lempeng.
g) Setelah lempeng masak di sebelah itu, keluarkan lempeng dari api dan letakkan di atas pinggan.
h) Teruskan langkah ini dengan baki adunan.
i) Susun dan hidangkan bersama topping dan cip coklat.

3. Mangkuk Smoothie Baldu merah

BAHAN-BAHAN:
- 1 bit panggang disejukkan
- 1 cawan ceri beku
- 1 pisang dicincang dan dibekukan
- ¼ cawan susu
- 3 sudu besar serbuk koko
- 1 sudu besar madu
- Idea topping: buah/bit berbentuk hati, pisang, biji, kacang, kelapa

ARAHAN:
a) Satukan semua bahan dalam pengisar sehingga sebati, tambah lebih banyak susu dan madu mengikut keperluan untuk mencapai konsistensi dan kemanisan mengikut citarasa anda.
b) Teratas dengan kacang/biji kegemaran anda, pisang dan koko.

4. Baldu merah Crepes Dengan Isi Keju krim

BAHAN-BAHAN:
- 2 biji telur
- 1 cawan susu
- ½ cawan air
- ½ sudu teh garam
- 3 Sudu besar mentega, cair
- 1 sudu teh gula
- 1 sudu teh ekstrak vanila
- 1 cawan tepung
- 1½ sudu besar serbuk koko
- 5 titik pewarna makanan merah, pilihan
- Isi Keju krim/Ricit

ARAHAN:
a) Satukan telur, susu, air, garam, gula, vanila, dan 3 sudu besar mentega cair dalam pengisar dan nadi sehingga berbuih, kira-kira 30 saat.
b) Masukkan tepung dan serbuk koko dan putar hingga rata.
c) Tambah pewarna makanan pada masa ini, jika menggunakan. Anda perlu membuat adunan lebih cerah sedikit daripada yang anda mahukan produk akhir anda.
d) Sejukkan adunan selama 30 minit atau semalaman.
e) Apabila bersedia untuk menyediakan krep anda, panaskan 1 Sudu Besar mentega dalam kuali krep atau kuali cetek lain. Pastikan mentega telah menyalut seluruh permukaan kuali sebelum memasukkan ¼ cawan adunan krep dan dipusingkan untuk menutup permukaan kuali.
f) Masak krep selama satu minit, balikkan dengan teliti dan kemudian masak bahagian lain selama setengah minit.
g) Hiaskan dengan sos coklat dan lebihan filling Keju krim.

5.Gulungan Kayu Manis Baldu merah

BAHAN-BAHAN:
UNTUK GULUNG CINNAMON
- 4½ sudu teh yis kering
- 2-½ cawan air suam
- 15.25 auns Kotak campuran kek Baldu merah
- 1 sudu teh ekstrak vanila
- 1 sudu teh garam
- 5 cawan tepung serba guna

UNTUK CAMPURAN GULA KAYU MANIS
- 2 cawan gula perang yang dibungkus
- 4 sudu besar kayu manis dikisar
- ⅔ cawan mentega dilembutkan

UNTUK ASING KEJU KRIM
- 16 auns setiap keju krim, dilembutkan
- ½ cawan mentega dilembutkan
- 2 cawan gula halus
- 1 sudu teh ekstrak vanila

ARAHAN:

a) Dalam mangkuk adunan yang besar, satukan yis dan air sehingga larut.
b) Masukkan adunan kek, vanila, garam, dan tepung. Gaul rata - doh akan menjadi sedikit melekit.
c) Tutup mangkuk dengan ketat dengan bungkus plastik. Biarkan doh mengembang selama satu jam. Tebuk doh dan biarkan ia mengembang semula selama 45 minit lagi.
d) Di atas permukaan yang ditaburi sedikit tepung, canai doh menjadi segi empat tepat besar kira-kira ¼ inci tebal. Sapukan mentega ke seluruh doh secara rata.
e) Dalam mangkuk sederhana, satukan gula perang dan kayu manis. Taburkan adunan gula perang ke atas mentega.
f) Gulung seperti jeli, bermula di tepi panjang. Potong kepada 24 bahagian yang sama.
g) Griskan dua loyang 9x13 inci. Susun hirisan cinnamon gulung dalam kuali. Tutup dan biarkan mengembang di tempat yang hangat hingga mengembang dua kali ganda.
h) Panaskan ketuhar hingga 350°F.
i) Bakar selama 15-20 minit atau sehingga masak.
j) Semasa gulungan kayu manis dibakar, sediakan aising krim keju dengan krim keju krim dan mentega dalam mangkuk adunan sederhana sehingga berkrim. Campurkan vanila. Masukkan gula halus secara beransur-ansur.

6.Donat Bakar Baldu merah

BAHAN-BAHAN:
- 2 ¼ cawan tepung
- 1 sudu besar serbuk penaik
- ½ sudu teh garam
- ⅔ cawan gula
- 1 biji telur
- 2 sudu besar minyak sayuran
- 2 sudu besar serbuk koko
- 1 sudu teh vanila
- ½ cawan susu rendah lemak
- Tampal Gel Lembut Merah
- sayu

ARAHAN:
a) Panaskan ketuhar hingga 350 darjah.
b) Sembur loyang donat dengan semburan masak dan ketepikan.
c) Dalam mangkuk sederhana satukan tepung, serbuk penaik, dan garam.
d) Gaul rata dan ketepikan.
e) Dalam mangkuk besar campurkan gula, telur, dan minyak sayuran.
f) Masukkan serbuk koko dan vanila dan gaul rata.
g) Masukkan susu perlahan-lahan hingga sebati.
h) Masukkan bahan kering, kira-kira setengah cawan pada satu masa, kacau rata selepas setiap penambahan.
i) Masukkan beberapa titis pewarna makanan merah dan gaul sehingga adunan menjadi warna yang diingini.
j) Masukkan adunan ke dalam beg berzip atas dan tutup.
k) Potong hujungnya dan paipkan ke dalam kuali donat, penuhkan setiap cawan donat ⅔ sehingga penuh.
l) Bakar selama 12-15 minit, pastikan donat tidak keperangan.
m) Celupkan bahagian atas donat ke dalam sayu dan taburkan dengan hati atau taburan.

7.Lempeng Mengembung Baldu merah

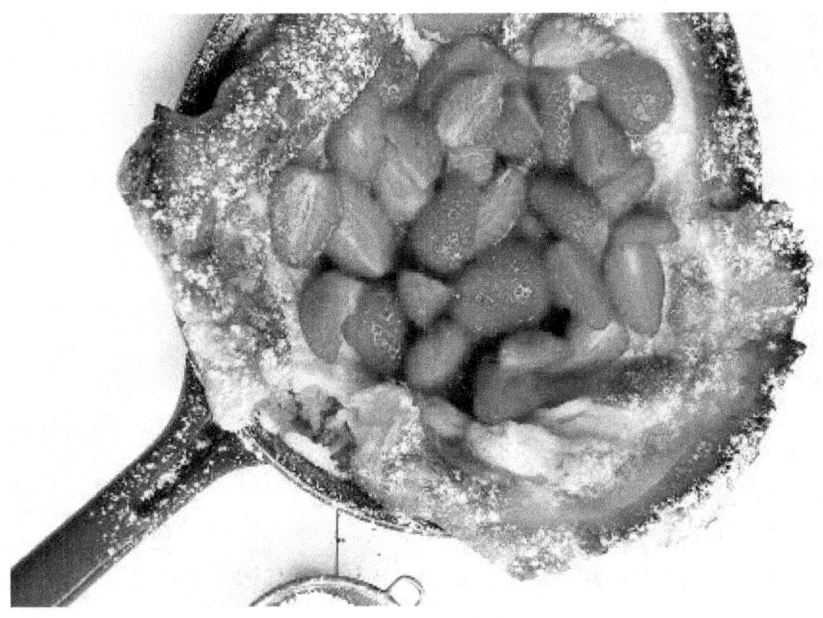

BAHAN-BAHAN:
- 4 biji telur besar
- 1 cawan susu
- ¾ cawan + 2 sudu besar tepung serba guna
- 2 sudu besar serbuk koko
- ¼ cawan gula pasir
- ¼ sudu teh garam halal
- 1 sudu teh ekstrak vanila
- 2 sudu besar mentega tanpa garam
- ½ sudu teh pewarna makanan gel merah
- Semburan masakan
- sayu

ARAHAN:
a) Panaskan ketuhar hingga 400 darjah F
b) Letakkan telur, susu, tepung, serbuk koko, gula, garam, dan vanila ke dalam pengisar; gaul sehingga sebati. Masukkan pewarna makanan dan gaul selama 30 saat.
c) Panaskan kuali besi tuang 10 inci atau kuali nonstick di atas api yang sederhana tinggi. Masukkan mentega dan cair. Tuangkan adunan ke dalam kuali. Masukkan kuali ke dalam ketuhar dan bakar sehingga keperangan, kembang, dan masak selama kira-kira 20-25 minit.
d) Semasa lempeng berada di dalam ketuhar, buat krim keju menjadi sayu. Pukul keju krim dan mentega dengan pengadun sehingga sebati, 1-3 minit. Masukkan susu dan pukul hingga sebati. Masukkan gula tepung perlahan-lahan dan gaul sehingga menjadi sayu. Anda boleh menambah lebih susu satu sudu teh pada satu masa jika perlu untuk mendapatkan sayu kepada konsistensi menuang.
e) Potong lempeng ke dalam baji dan hidangkan di atasnya dengan sayu krim keju dan buah.

8.Wafel Keju Baldu merah

BAHAN-BAHAN:
- 1 biji telur
- 1 auns krim keju
- 2 sudu besar tepung kelapa
- 1 sudu besar buttermilk
- 2 sudu teh pemanis tanpa gula
- ½ sudu teh serbuk penaik
- ½ sudu teh serbuk koko
- pewarna makanan merah

ARAHAN:
a) Panaskan pembuat wafel.
b) Pukul bersama semua bahan. Tambah beberapa titik pewarna makanan merah untuk mencapai warna merah jambu atau merah yang diingini.
c) Tuangkan kira-kira ⅓ adunan baldu merah ke dalam pembuat wafel jika menggunakan pembuat wafel mini.
d) Tutup pembuat wafel dan biarkan masak selama 3-5 minit atau sehingga wafel berwarna perang keemasan dan set.
e) Keluarkan chaffle dari pembuat wafel dan hidangkan.

9. Roti Bakar Perancis Baldu merah

BAHAN-BAHAN:
- 8 keping brioche
- 3 biji telur besar
- 1 cawan separuh dan separuh krim 10%MF
- 2 sudu besar gula pasir
- 1 sudu besar ekstrak vanila
- 2 sudu besar serbuk koko
- 2-3 sudu besar pewarna makanan merah
- ¼ sudu teh garam
- 2-3 sudu besar mentega atau minyak, untuk menggoreng
- aising krim keju

ARAHAN:

a) Panaskan ketuhar hingga 250F. Letakkan kepingan brioche pada loyang dan bakar selama 15-20 minit, atau sehingga ia kering sedikit. Sejukkan hirisan sepenuhnya. Pukul telur, krim, gula, vanila, serbuk koko, pewarna makanan, dan garam bersama-sama.

b) Tuangkan adunan telur ke atas kepingan.

c) Putar hirisan setiap beberapa minit dan sudukan adunan di atasnya sehingga hampir semuanya diserap. Lebih kurang 10 minit.

d) Panaskan kuali dengan api sederhana. Masukkan mentega, kemudian masukkan kepingan ke dalam kuali. Masak selama 2-3 minit setiap sisi, atau sehingga perang.

10. Roti Pisang Baldu merah

BAHAN-BAHAN:
- 1 kotak adunan kek Baldu merah
- 3 biji telur besar
- ⅓ cawan minyak
- 1½ cawan pisang tumbuk, kira-kira 3 atau 4 pisang
- 1 cawan pecan cincang

ARAHAN:
a) Panaskan ketuhar hingga 350ºF. Gris dan tepung dua loyang.
b) Campurkan adunan kek kering, telur, minyak, pisang tumbuk, dan pecan cincang sehingga sebati. Tuang adunan ke dalam loyang yang telah disediakan.
c) Bakar selama 30 hingga 35 minit atau sehingga pencungkil gigi yang dimasukkan di tengah keluar bersih.
d) Keluarkan dari ketuhar ke rak penyejuk selama 10 minit sebelum dikeluarkan dari kuali.
e) Sejukkan sepenuhnya pada rak dawai. Taburkan gula tepung jika suka.

11. Wafel Mochi Baldu merah

BAHAN-BAHAN:
- 1 ½ cawan susu
- 2 biji telur
- 2 sudu besar pewarna makanan merah
- 1 sudu teh ekstrak vanila
- ½ sudu teh cuka putih suling
- 2 ½ cawan tepung mochiko
- ½ cawan gula pasir
- 1 sudu besar serbuk penaik
- 1 sudu besar serbuk koko
- ½ sudu teh garam

ARAHAN:
a) Panaskan seterika wafel anda.
b) Dalam mangkuk adunan sederhana masukkan bahan basah dan pukul sehingga sebati. Mengetepikan.
c) Kemudian ke dalam mangkuk adunan besar masukkan bahan kering.
d) Pukul sehingga sebati.
e) Masukkan bahan basah ke dalam bahan kering dan gaul sehingga sebati.
f) Semburkan semburan masak tidak melekat pada permukaan pembuat wafel. Tuangkan adunan ke dalam pembuat wafel dan masak sehingga keperangan.

12. Telur Acar Baldu merah

BAHAN-BAHAN:
- 6 biji telur
- 1 cawan cuka putih
- Jus dari 1 tin bit
- ¼ cawan gula
- ½ sudu besar garam
- 2 ulas bawang putih
- 1 sudu besar biji lada keseluruhan
- 1 daun salam

ARAHAN:
a) Panaskan mandi air hingga 170 °F
b) Letakkan telur dalam beg. Tutup beg dan letakkan di dalam tab mandi. Masak selama 1 jam.
c) Selepas 1 jam, letakkan telur dalam semangkuk air sejuk untuk menyejukkan dan mengupas dengan teliti. Dalam beg tempat anda memasak telur, gabungkan cuka, jus bit, gula, garam, bawang putih dan daun bay.
d) Gantikan telur dalam beg dengan cecair jeruk. Gantikan dalam tab mandi air dan masak selama 1 jam tambahan.
e) Selepas 1 jam, pindahkan telur dengan cecair jeruk ke peti sejuk.
f) Benarkan sejuk sepenuhnya sebelum makan.

13. Latkes Baldu merah

BAHAN-BAHAN:
- 1 cawan bit segar yang dicincang halus
- 2 sudu besar Tepung jagung
- 4 biji kuning telur dipukul
- ½ sudu teh Gula
- 3 sudu besar krim pekat atau susu sejat yang tidak dicairkan
- ½ sudu teh Pala dikisar
- 1 sudu teh Garam

ARAHAN:
a) Satukan semua bahan dalam mangkuk adunan.
b) Gaul rata dan bakar dalam fesyen penkek di atas griddle mentega panas atau kuali berat.
c) Hidangkan dengan marmalade buah atau pengawet.

14. Hash Baldu merah

BAHAN-BAHAN:
- 1 paun bit, dikupas dan dipotong dadu
- ½ paun kentang Yukon Gold, digosok dan dipotong dadu
- Garam kasar dan lada hitam yang baru dikisar
- 2 sudu besar minyak zaitun extra-virgin
- 1 biji bawang kecil, potong dadu
- 2 sudu besar pasli segar yang dicincang
- 4 biji telur besar

ARAHAN:

a) Dalam kuali bermuka tinggi, tutup bit dan kentang dengan air dan biarkan mendidih. Perasakan dengan garam dan masak sehingga lembut, kira-kira 7 minit. Toskan dan lapkan kuali.

b) Panaskan minyak dalam kuali dengan api sederhana tinggi. Masukkan bit rebus dan kentang dan masak sehingga kentang mula bertukar keemasan kira-kira 4 minit. Kurangkan api kepada sederhana, tambah bawang, dan masak, kacau, sehingga lembut, kira-kira 4 minit. Sesuaikan perasa dan kacau dalam pasli.

c) Buat empat telaga lebar dalam cincang. Pecahkan satu telur ke dalam setiap satu dan perasakan telur dengan garam. Masak sehingga putih set tetapi kuning masih cair 5 hingga 6 minit.

15.Pizza Telur Baldu merah

BAHAN-BAHAN:
UNTUK KERAK PIZZA:
- 1 cawan bit rebus dan puri
- ¾ cawan makanan badam
- ⅓ cawan tepung beras perang
- ½ sudu teh garam
- 2 sudu teh serbuk penaik
- 1 sudu besar minyak kelapa
- 2 sudu teh rosemary dicincang
- 1 biji telur

TOPIS:
- 3 biji telur
- 2 keping daging masak hancur
- alpukat
- keju

ARAHAN:
a) Panaskan ketuhar hingga 375 darjah.
b) Campurkan semua bahan untuk kerak pizza.
c) Bakar selama 5 minit.
d) Keluarkan dan buat 3 "perigi" kecil menggunakan bahagian belakang sudu atau acuan aiskrim.
e) Letakkan 3 biji telur ke dalam "telaga" ini.
f) Bakar 20 minit.
g) Teratas dengan keju dan bacon dan bakar selama 5 minit lagi.
h) Tambah lebih banyak rosemary, keju, dan alpukat.

16. Baldu merah Oatmeal Bakar

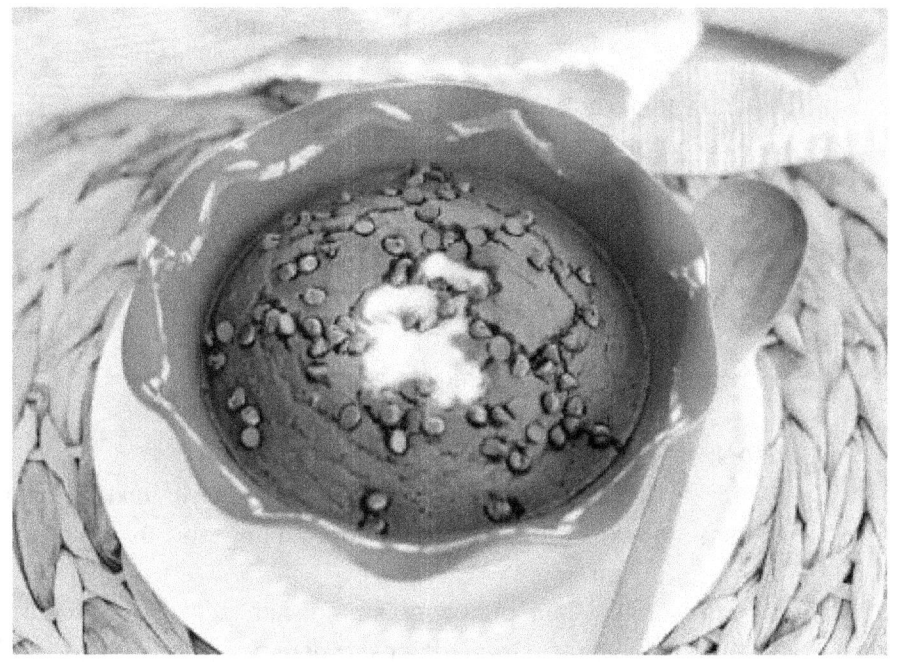

BAHAN-BAHAN:
- 1 cawan oat gulung
- 1 cawan susu (atau alternatif bukan tenusu)
- 1 pisang masak, tumbuk
- 1/4 cawan serbuk koko
- 1/4 cawan madu atau sirap maple
- 1/4 cawan yogurt Yunani
- 1 sudu teh ekstrak vanila
- 1/2 sudu teh serbuk penaik
- 1/4 sudu teh garam
- 1/4 cawan cip coklat (pilihan)
- Pewarna makanan merah (mengikut keinginan)

ARAHAN:
a) Panaskan ketuhar anda hingga 350°F (175°C). Minyakkan loyang.
b) Dalam mangkuk adunan, satukan oat gulung, serbuk koko, serbuk penaik, dan garam.
c) Dalam mangkuk lain, pukul bersama pisang lecek, susu, madu atau sirap maple, yogurt Greek dan ekstrak vanila.
d) Tuangkan bahan basah ke dalam bahan kering dan gaul sehingga sebati.
e) Masukkan pewarna makanan merah sehingga warna yang dikehendaki dicapai, kacau rata.
f) Lipat dalam cip coklat, jika digunakan.
g) Tuangkan adunan ke dalam loyang yang telah disediakan dan ratakan.
h) Bakar dalam ketuhar yang telah dipanaskan selama 25-30 minit atau sehingga set.
i) Setelah masak, keluarkan dari oven dan biarkan sejuk sedikit sebelum dihidangkan. Nikmati Baldu merah Oatmeal Bake anda!

17.Bar Sarapan Baldu merah

BAHAN-BAHAN:
- 1 1/2 cawan tepung serba guna
- 1 cawan oat gulung
- 1/2 cawan gula perang
- 1/4 cawan serbuk koko
- 1 sudu kecil serbuk penaik
- 1/2 sudu teh garam
- 1/2 cawan mentega tanpa garam, cair
- 1/4 cawan susu (atau alternatif bukan tenusu)
- 1 sudu teh ekstrak vanila
- Pewarna makanan merah (mengikut keinginan)
- 1/2 cawan cip coklat (pilihan)

ARAHAN:
a) Panaskan ketuhar anda hingga 350°F (175°C). Griskan loyang atau alaskan dengan kertas minyak.
b) Dalam mangkuk adunan yang besar, satukan tepung, oat gulung, gula perang, serbuk koko, serbuk penaik dan garam.
c) Masukkan mentega cair, susu, dan ekstrak vanila ke dalam bahan kering. Gaul hingga sebati.
d) Masukkan pewarna makanan merah sehingga warna yang dikehendaki dicapai, kacau rata.
e) Lipat dalam cip coklat, jika digunakan.
f) Tekan adunan ke dalam loyang yang disediakan, ratakan.
g) Bakar dalam ketuhar yang telah dipanaskan selama 20-25 minit atau sehingga tepi berwarna perang keemasan dan pencungkil gigi yang dimasukkan ke dalam bahagian tengah keluar bersih.
h) Setelah masak, keluarkan dari ketuhar dan biarkan ia sejuk sepenuhnya sebelum dihiris ke dalam bar. Nikmati Bar Sarapan Baldu merah anda!

18. Puding Roti Baldu Merah

BAHAN-BAHAN:
- 6 cawan roti kiub (seperti roti Perancis atau brioche)
- 2 cawan susu (atau alternatif bukan tenusu)
- 4 biji telur
- 1/2 cawan gula pasir
- 1/4 cawan serbuk koko
- 1 sudu teh ekstrak vanila
- Pewarna makanan merah (mengikut keinginan)
- 1/2 cawan cip coklat (pilihan)
- Gula tepung, untuk habuk (pilihan)
- Krim putar, untuk hidangan (pilihan)

ARAHAN:
a) Panaskan ketuhar anda hingga 350°F (175°C). Minyakkan loyang.
b) Dalam mangkuk adunan besar, pukul bersama susu, telur, gula, serbuk koko dan ekstrak vanila.
c) Masukkan pewarna makanan merah sehingga warna yang dikehendaki dicapai, kacau rata.
d) Lipat dalam cip coklat, jika digunakan.
e) Masukkan roti kiub ke dalam adunan, pastikan semua roti disalut sama rata.
f) Pindahkan adunan ke dalam loyang yang disediakan, ratakan.
g) Bakar dalam ketuhar yang telah dipanaskan selama 30-35 minit atau sehingga puding roti set dan perang keemasan di atasnya.
h) Setelah masak, keluarkan dari oven dan biarkan sejuk sedikit sebelum dihidangkan.
i) Taburkan dengan gula tepung dan hidangkan dengan krim putar, jika mahu. Nikmati Puding Roti Baldu merah anda!

19. Roti Bakar Perancis Bakar Baldu merah

BAHAN-BAHAN:
- 1 keping roti Perancis, dihiris
- 4 biji telur
- 1 cawan susu (atau alternatif bukan tenusu)
- 1/4 cawan gula pasir
- 1/4 cawan serbuk koko
- 1 sudu teh ekstrak vanila
- Pewarna makanan merah (mengikut keinginan)
- Gula tepung, untuk habuk (pilihan)
- Sirap maple, untuk hidangan

ARAHAN:

a) Panaskan ketuhar anda hingga 350°F (175°C). Minyakkan loyang.
b) Susun hirisan roti Perancis dalam loyang yang telah disediakan.
c) Dalam mangkuk adunan, pukul bersama telur, susu, gula, serbuk koko, dan ekstrak vanila sehingga sebati.
d) Masukkan pewarna makanan merah sehingga warna yang dikehendaki dicapai, kacau rata.
e) Tuang adunan telur ke atas kepingan roti, pastikan semua roti disalut sama rata.
f) Tutup loyang dengan kerajang dan biarkan ia berada di dalam peti sejuk selama sekurang-kurangnya 30 minit atau semalaman.
g) Setelah bersedia untuk membakar, keluarkan foil dan bakar dalam ketuhar yang telah dipanaskan selama 25-30 minit atau sehingga roti bakar Perancis ditetapkan dan berwarna perang keemasan.
h) Setelah masak, keluarkan dari oven dan biarkan sejuk sedikit sebelum dihidangkan.
i) Taburkan dengan gula tepung dan hidangkan dengan sirap maple. Nikmati Roti Bakar Perancis Baldu merah Bakar anda!

20.Bakar Lempeng Baldu merah

BAHAN-BAHAN:
- 2 cawan tepung serba guna
- 1/4 cawan serbuk koko
- 1/4 cawan gula pasir
- 2 sudu teh serbuk penaik
- 1/2 sudu teh baking soda
- 1/2 sudu teh garam
- 2 cawan buttermilk
- 2 biji telur
- 1/4 cawan mentega tanpa garam, cair
- 1 sudu teh ekstrak vanila
- Pewarna makanan merah (mengikut keinginan)
- 1/2 cawan cip coklat (pilihan)

ARAHAN:
a) Panaskan ketuhar anda hingga 350°F (175°C). Griskan loyang 9x13 inci.
b) Dalam mangkuk adunan yang besar, satukan tepung serba guna, serbuk koko, gula pasir, serbuk penaik, soda penaik dan garam. Gaul sebati.
c) Dalam mangkuk lain, pukul bersama buttermilk, telur, mentega tanpa garam cair, ekstrak vanila dan pewarna makanan merah sehingga sebati.
d) Tuangkan bahan basah ke dalam bahan kering dan kacau sehingga sebati. Berhati-hati untuk tidak terlalu bercampur; beberapa ketul okey. Jika suka, masukkan cip coklat.
e) Tuangkan adunan ke dalam loyang yang telah disediakan dan ratakan.
f) Bakar dalam ketuhar yang telah dipanaskan selama 20-25 minit, atau sehingga pencungkil gigi yang dimasukkan ke dalam bahagian tengah keluar bersih.
g) Setelah masak, keluarkan dari ketuhar dan biarkan ia sejuk selama beberapa minit sebelum dihiris dan dihidangkan.
h) Hidangkan hangat dengan topping kegemaran anda seperti sirap maple, krim putar atau beri segar.

21. Scone Baldu merah

BAHAN-BAHAN:
- 2 cawan tepung serba guna
- 1/2 cawan gula pasir
- 1 sudu besar serbuk koko
- 1 sudu besar serbuk penaik
- 1/2 sudu teh garam
- 1/2 cawan mentega tanpa garam, sejuk dan kiub
- 1/2 cawan buttermilk
- 1 sudu besar pewarna makanan merah
- 1 sudu teh ekstrak vanila
- 1/2 cawan cip coklat putih

ARAHAN:
a) Panaskan ketuhar anda hingga 400°F (200°C) dan alaskan loyang dengan kertas parchment.
b) Dalam mangkuk besar, pukul bersama tepung, gula, serbuk koko, serbuk penaik, dan garam.
c) Potong mentega sejuk menggunakan pemotong pastri atau garpu sehingga adunan menyerupai serbuk kasar.
d) Dalam mangkuk yang berasingan, pukul bersama mentega, pewarna makanan merah dan ekstrak vanila. Tuangkan bahan basah ke dalam bahan kering dan kacau sehingga sebati.
e) Masukkan cip coklat putih perlahan-lahan.
f) Balikkan doh ke atas permukaan tepung dan uli perlahan-lahan beberapa kali. Tepuk doh ke dalam bulatan setebal kira-kira 1 inci.
g) Potong bulatan menjadi 8 baji dan pindahkan ke dalam loyang yang disediakan.
h) Bakar selama 15-18 minit atau sehingga scone berwarna keemasan sedikit. Biarkan sejuk di atas loyang selama beberapa minit sebelum dipindahkan ke rak dawai untuk menyejukkan sepenuhnya. Nikmati scone baldu merah anda dengan secawan teh atau kopi!

22. Biskut Sarapan Baldu merah

BAHAN-BAHAN:
- 1 1/2 cawan tepung serba guna
- 1/4 cawan serbuk koko tanpa gula
- 1 sudu kecil serbuk penaik
- 1/4 sudu teh baking soda
- 1/4 sudu teh garam
- 1/2 cawan mentega tanpa garam, dilembutkan
- 1/2 cawan gula pasir
- 1/2 cawan gula perang yang dibungkus
- 1 biji telur besar
- 1 sudu teh ekstrak vanila
- 1 sudu besar pewarna makanan merah
- 1/2 cawan cip coklat putih

ARAHAN:

a) Panaskan ketuhar anda hingga 350°F (175°C). Lapik loyang dengan kertas parchment.
b) Dalam mangkuk adunan sederhana, pukul bersama tepung serba guna, serbuk koko, serbuk penaik, soda penaik dan garam. Mengetepikan.
c) Dalam mangkuk adunan yang besar, pukul bersama mentega tanpa garam yang telah dilembutkan, gula pasir dan gula perang sehingga ringan dan gebu.
d) Pukul telur, ekstrak vanila, dan pewarna makanan merah sehingga sebati.
e) Masukkan sedikit demi sedikit bahan kering ke dalam bahan basah dan gaul sehingga sebati.
f) Masukkan cip coklat putih sehingga sekata ke seluruh adunan.
g) Menggunakan sudu atau sudu biskut, titiskan sudu besar doh yang dibulatkan ke atas loyang yang disediakan, jarakkannya kira-kira 2 inci.
h) Perlahan-lahan ratakan setiap bola doh biskut dengan bahagian belakang sudu atau hujung jari anda.
i) Bakar dalam ketuhar yang telah dipanaskan selama 10-12 minit, atau sehingga tepi ditetapkan dan bahagian tengahnya lembut sedikit.
j) Keluarkan dari ketuhar dan biarkan kuki sejuk di atas loyang selama 5 minit sebelum memindahkannya ke rak dawai untuk menyejukkan sepenuhnya.
k) Setelah sejuk, hidangkan dan nikmati Baldu merah Breakfast Cookies yang lazat!

23. Donat Baldu merah

BAHAN-BAHAN:
- 2 cawan tepung serba guna
- 1/2 cawan serbuk koko tanpa gula
- 1 1/2 sudu teh serbuk penaik
- 1/2 sudu teh baking soda
- 1/2 sudu teh garam
- 3/4 cawan gula pasir
- 2 biji telur besar
- 1 sudu teh ekstrak vanila
- 1 sudu besar pewarna makanan merah
- 1 cawan buttermilk
- 1/4 cawan mentega tanpa garam, cair

UNTUK SAYU:
- 1 1/2 cawan gula halus
- 3-4 sudu besar susu
- 1/2 sudu teh ekstrak vanila

ARAHAN:

a) Panaskan ketuhar anda hingga 350°F (175°C) dan griskan loyang donat.
b) Dalam mangkuk, pukul bersama tepung, serbuk koko, serbuk penaik, soda penaik, dan garam.
c) Dalam mangkuk lain, pukul bersama gula, telur, ekstrak vanila, dan pewarna makanan merah sehingga sebati. Masukkan buttermilk dan mentega cair.
d) Masukkan bahan kering secara beransur-ansur ke dalam adunan basah, gaul sehingga sebati.
e) Sudukan adunan ke dalam loyang donat yang telah disediakan, penuhkan setiap rongga kira-kira 2/3 penuh.
f) Bakar selama 10-12 minit atau sehingga pencungkil gigi yang dimasukkan ke tengah keluar bersih. Biarkan donat sejuk dalam kuali selama beberapa minit sebelum dipindahkan ke rak dawai untuk menyejukkan sepenuhnya.
g) Untuk membuat sayu, pukul bersama gula tepung, susu, dan ekstrak vanila sehingga rata.
h) Celupkan donat yang telah disejukkan ke dalam sayu, kemudian letakkannya semula pada rak dawai untuk ditetapkan.

24. Donat Kek Baldu merah Dengan Sayu Keju

BAHAN-BAHAN:
UNTUK DONAT:
- 1 1/4 cawan tepung serba guna
- 1/4 cawan serbuk koko tanpa gula
- 1 sudu kecil serbuk penaik
- 1/2 sudu teh baking soda
- 1/4 sudu teh garam
- 1/2 cawan gula pasir
- 1/2 cawan buttermilk
- 1 biji telur besar
- 2 sudu besar mentega tanpa garam, cair
- 1 sudu teh ekstrak vanila
- 1 sudu besar pewarna makanan merah

UNTUK SAYU:
- 4 oz krim keju, dilembutkan
- 1 cawan gula tepung
- 1-2 sudu besar susu
- 1/2 sudu teh ekstrak vanila

ARAHAN:

a) Panaskan ketuhar anda hingga 350°F (175°C) dan griskan loyang donat.
b) Dalam mangkuk besar, pukul bersama tepung, serbuk koko, serbuk penaik, soda penaik, garam dan gula pasir.
c) Dalam mangkuk lain, pukul bersama mentega, telur, mentega cair, ekstrak vanila dan pewarna makanan merah.
d) Tuangkan bahan basah ke dalam bahan kering dan gaul sehingga sebati.
e) Sudukan adunan ke dalam loyang donat yang telah disediakan, penuhkan setiap rongga kira-kira 2/3 penuh.
f) Bakar selama 10-12 minit atau sehingga pencungkil gigi yang dimasukkan ke dalam donat keluar bersih.
g) Biarkan donat sejuk dalam kuali selama beberapa minit sebelum memindahkannya ke rak dawai untuk menyejukkan sepenuhnya.
h) Untuk membuat sayu, pukul bersama krim keju, gula tepung, susu, dan ekstrak vanila sehingga rata.
i) Celupkan donat yang telah disejukkan ke dalam sayu, kemudian letakkannya semula pada rak dawai untuk ditetapkan.

25. Muffin Baldu merah Dengan Topping Streusel

BAHAN-BAHAN:
- 1 1/2 cawan tepung serba guna
- 1/2 cawan gula pasir
- 2 sudu besar serbuk koko tanpa gula
- 1 sudu kecil serbuk penaik
- 1/2 sudu teh baking soda
- 1/4 sudu teh garam
- 1 biji telur besar
- 3/4 cawan buttermilk
- 1/3 cawan minyak sayuran
- 1 sudu teh ekstrak vanila
- 1 sudu besar pewarna makanan merah
- 1/2 cawan pecan atau walnut yang dicincang (pilihan)

UNTUK TOPPING STREUSEL:
- 1/4 cawan tepung serba guna
- 1/4 cawan gula pasir
- 2 sudu besar mentega tanpa garam, sejuk

ARAHAN:

a) Panaskan ketuhar anda kepada 375°F (190°C). Alas tin muffin dengan pelapik kertas atau griskan cawan.
b) Dalam mangkuk besar, pukul bersama tepung, gula, serbuk koko, serbuk penaik, soda penaik, dan garam.
c) Dalam mangkuk lain, pukul telur, buttermilk, minyak sayuran, ekstrak vanila, dan pewarna makanan merah sehingga sebati.
d) Tuangkan bahan basah ke dalam bahan kering dan kacau sehingga sebati. Lipat kacang cincang jika digunakan.
e) Isikan setiap cawan muffin lebih kurang 2/3 penuh dengan adunan.
f) Dalam mangkuk kecil, satukan tepung dan gula untuk topping streusel. Potong mentega sejuk sehingga adunan menyerupai serbuk kasar.
g) Taburkan topping streusel ke atas adunan muffin dalam setiap cawan.
h) Bakar selama 18-20 minit atau sehingga pencungkil gigi yang dimasukkan ke tengah keluar bersih.
i) Biarkan mufin sejuk dalam kuali selama beberapa minit sebelum memindahkannya ke rak dawai untuk menyejukkan sepenuhnya.

26.Roti Pisang Baldu merah

BAHAN-BAHAN:
- 2 biji pisang masak, tumbuk
- 1/2 cawan mentega tanpa garam, cair
- 3/4 cawan gula pasir
- 1 biji telur besar
- 1 sudu teh ekstrak vanila
- 1 1/2 cawan tepung serba guna
- 1/4 cawan serbuk koko tanpa gula
- 1 sudu teh baking soda
- 1/4 sudu teh garam
- 1/2 cawan buttermilk
- 1 sudu besar pewarna makanan merah
- 1/2 cawan cip coklat putih (pilihan)

ARAHAN:

a) Panaskan ketuhar anda hingga 350°F (175°C). Griskan loyang roti 9x5 inci.

b) Dalam mangkuk besar, satukan pisang lecek, mentega cair, gula, telur dan ekstrak vanila.

c) Dalam mangkuk lain, pukul bersama tepung, serbuk koko, soda penaik, dan garam.

d) Masukkan bahan kering secara beransur-ansur ke dalam bahan basah, berselang seli dengan buttermilk, dan gaul sehingga sebati.

e) Kacau dalam pewarna makanan merah sehingga adunan mencapai warna merah yang anda inginkan.

f) Lipat cip coklat putih jika guna.

g) Tuangkan adunan ke dalam loyang yang telah disediakan dan ratakan bahagian atasnya dengan spatula.

h) Bakar selama 50-60 minit, atau sehingga pencungkil gigi yang dimasukkan ke tengah keluar bersih.

i) Biarkan roti sejuk dalam kuali selama 10 minit sebelum memindahkannya ke rak dawai untuk menyejukkan sepenuhnya.

27.Baldu merah Kek Teh

BAHAN-BAHAN:
- ¼ cawan Mentega
- 1 cawan Gula
- 1 cawan Susu
- 2 biji telur
- 2 cawan Tepung
- 3 sudu teh serbuk penaik
- 1 secubit Garam
- 3 titik pewarna makanan Merah
- 1¼ sudu teh ekstrak lemon

ARAHAN:
a) Bahan krim bersama-sama.
b) Panaskan ketuhar hingga 375 darjah.
c) Bakar dalam loyang kek cawan selama 20 minit.

28.Lempeng Sumbat Baldu merah

BAHAN-BAHAN:
UNTUK BATTER PENDEK:
- 1 ½ cawan tepung serba guna
- 2 sudu besar serbuk koko tanpa gula
- 1 sudu kecil serbuk penaik
- ½ sudu teh baking soda
- ¼ sudu teh garam
- 2 sudu besar gula pasir
- 1 cawan buttermilk
- ½ cawan susu penuh
- 2 biji telur besar
- 2 sudu besar mentega tanpa garam, cair
- 1 sudu teh ekstrak vanila
- Pewarna makanan merah (mengikut keperluan)

UNTUK ISI KRIM CHEESE:
- 4 auns krim keju, dilembutkan
- ¼ cawan gula tepung
- ½ sudu teh ekstrak vanila

ARAHAN:

SEDIAKAN BATTER PENDEK:

a) Dalam mangkuk adunan yang besar, ayak bersama tepung, serbuk koko, serbuk penaik, soda penaik, garam dan gula pasir.

b) Dalam mangkuk lain, pukul bersama susu mentega, susu penuh, telur, mentega cair, ekstrak vanila dan pewarna makanan merah sehingga sebati.

c) Tuangkan bahan basah ke dalam bahan kering dan kacau sehingga sebati. Berhati-hati agar tidak terlalu bercampur. Adunan hendaklah licin dan sedikit pekat.

SEDIAKAN ISI KRIM CHEESE:

d) Dalam mangkuk yang berasingan, pukul keju krim lembut, gula tepung, dan ekstrak vanila sehingga licin dan berkrim. Mengetepikan.

MEMASAK PANKEK:

e) Panaskan kuali atau kuali tidak melekat di atas api sederhana dan sapukan sedikit mentega atau semburan masak.

f) Tuangkan kira-kira ¼ cawan adunan lempeng ke atas kuali untuk setiap lempeng.

g) Sudukan sedikit isi krim keju ke tengah setiap lempeng.

h) Tutup isi krim keju dengan sedikit lagi adunan lempeng untuk menutupnya di dalam.

i) Masak sehingga buih terbentuk pada permukaan penkek dan tepi mula set, kemudian flip dan masak selama 1-2 minit lagi sehingga perang keemasan di kedua-dua belah.

j) Hidangkan Lempeng Baldu merah Stuffed hangat-hangat.

k) Secara pilihan, taburkan dengan krim putar, cukur coklat atau sedikit sirap maple sebelum dihidangkan.

29. Muffin Mochi Strawberi Segar

BAHAN-BAHAN:
- 2 biji telur
- 1 cawan sebarang susu
- ⅓ hingga ½ cawan susu pekat
- Secara pilihan tambah satu atau dua sudu gula pasir untuk rasa manis tambahan
- Setitik gel pewarna makanan merah (pilihan, untuk hidangan yang lebih merah jambu)
- 1 sudu teh miso atau secubit besar garam
- 2 sudu besar sebarang minyak neutral atau mentega tanpa garam yang dicairkan
- Segenggam strawberi segar (tambah 2 potong dadu)
- 228 g tepung pulut (Mochiko)
- 1 sudu kecil serbuk penaik
- Percikan ekstrak vanila (pilihan)

ARAHAN:

a) Panaskan ketuhar hingga 350°F dengan rak di tengah. Gris atau alaskan loyang muffin 12 cawan dengan pelapik muffin atau kek cawan.

b) Dalam pengisar, satukan semua bahan basah di bahagian bawah: telur, susu, susu pekat, gula (jika menggunakan), gel pewarna makanan merah (jika menggunakan), miso atau garam, minyak atau mentega cair, strawberi segar, strawberi potong dadu, tepung pulut, serbuk penaik, dan ekstrak vanila (jika guna).

c) Kisar sehingga anda mendapat adunan yang licin, homogen, cair tetapi pekat.

d) Tuangkan adunan ke dalam loyang muffin dan bakar selama sekurang-kurangnya 40 minit atau sehingga pencungkil gigi atau lidi buluh yang dimasukkan keluar bersih. Sedikit sisa melekit boleh diterima. Turunkan suhu ketuhar selepas kira-kira 15 minit untuk mengelakkan bahagian atas daripada retak.

e) Benarkan mufin untuk diletakkan di dalam kuali panas selama beberapa minit, kemudian sejuk sepenuhnya pada suhu bilik di atas rak dawai.

f) Taburkan dengan gula kuih-muih, tambahkan strawberi yang baru dipotong dadu atau siram dengan lebih banyak susu pekat sebelum dihidangkan.

g) Hidangkan dan nikmati.

30.Muffin Baldu merah Nutella Mochi

BAHAN-BAHAN:
- 1 cawan tepung pulut (mochiko)
- ½ cawan serbuk koko
- ½ cawan gula
- 1 sudu kecil serbuk penaik
- ¼ sudu teh garam
- 2 biji telur besar
- 1 cawan buttermilk
- ¼ cawan mentega tanpa garam, cair
- 1 sudu teh ekstrak vanila
- 2 sudu besar pewarna makanan merah
- Nutella untuk mengisi

ARAHAN:
a) Panaskan ketuhar hingga 350°F (175°C). Griskan loyang muffin atau alas dengan pelapik kertas.
b) Dalam mangkuk besar, pukul bersama tepung pulut, serbuk koko, gula, serbuk penaik, dan garam.
c) Dalam mangkuk yang berasingan, pukul telur, kemudian masukkan buttermilk, mentega cair, ekstrak vanila dan pewarna makanan merah. Gaul sebati.
d) Masukkan bahan basah secara beransur-ansur ke dalam bahan kering, kacau sehingga sebati.
e) Sudukan sedikit adunan ke dalam setiap cawan muffin, buat lapisan nipis di bahagian bawah.
f) Tambah sebiji kecil Nutella ke tengah setiap cawan.
g) Tutup Nutella dengan lebih banyak adunan sehingga setiap cawan kira-kira ¾ penuh.
h) Bakar dalam ketuhar yang telah dipanaskan selama 15-20 minit atau sehingga pencungkil gigi yang dimasukkan ke dalam bahagian tengah keluar bersih.
i) Biarkan muffin sejuk di dalam loyang selama 10 minit, kemudian pindahkan ke rak dawai untuk menyejukkan sepenuhnya.
j) Setelah sejuk, gigit Muffin Baldu merah Nutella Mochi yang lazat dan nikmati gabungan perisa yang menarik!

31. Lempeng Margarita Strawberi

BAHAN-BAHAN:
- 2 cawan tepung naik sendiri
- 1/2 cawan gula pasir putih
- 1/4 cawan susu
- 1/3 cawan minyak sayuran
- 3 biji telur
- 2 sudu besar pewarna makanan merah
- 2 sudu besar ekstrak strawberi tulen
- 1 sudu teh ekstrak vanila
- 1 cawan tequila perak
- 1 pain strawberi, dibilas dan dihiris
- Krim putar, untuk hiasan
- Taburan gula merah jambu, untuk hiasan
- Perahan 1 biji limau purut, untuk hiasan
- Sirap Limau, resipi berikut

SIRAP LIMAU:
- 6 sudu besar jus limau nipis
- 1 cawan gula tepung

ARAHAN:
a) Campurkan tepung dan gula.
b) Pukul minyak, susu dan telur. Masukkan pewarna dan ekstrak makanan dan gaul rata. Kacau dalam tequila.
c) Panaskan griddle hingga 300 darjah F. Titiskan adunan dengan sudu besar ke atas griddle. Apabila buih mula muncul di atas penkek, tambahkan 1 hingga 2 keping strawberi pada bahagian atas setiap lempeng, kemudian balikkan.
d) Masak selama 30 saat hingga 1 minit tambahan dan kemudian keluarkan, letakkan lempeng strawberi di atas kertas lilin untuk menyejukkan.
e) Susun dengan cara ini (terbalik!) untuk memaparkan strawberi segar.
f) Hiaskan penkek dengan krim putar, taburan taburan gula merah jambu, kulit limau nipis dan Sirap Limau.

SIRAP LIMAU:
g) Satukan gula tepung dan jus limau nipis dalam periuk kecil.
h) Masak hingga mendidih dengan api sederhana rendah.
i) Keluarkan dari api setelah larut dan biarkan sejuk.

32.Donat Godiva

BAHAN-BAHAN:

UNTUK DONUT BALDU MERAH:
- 1 cawan tepung serba guna
- ¼ cawan serbuk koko tanpa gula
- ½ sudu teh serbuk penaik
- ¼ sudu teh baking soda
- ¼ sudu teh garam
- ¼ cawan mentega tanpa garam, dilembutkan
- ½ cawan gula pasir
- 1 biji telur besar
- 1 sudu teh ekstrak vanila
- ½ cawan buttermilk
- 1 sudu besar pewarna makanan merah

UNTUK KEJU KRIM SAYU:
- 4 auns krim keju, dilembutkan
- 1 cawan gula tepung
- 2-3 sudu besar susu
- ½ sudu teh ekstrak vanila

UNTUK DRIZZLE COKLAT GODIVA:
- 2 auns coklat gelap Godiva, dicincang

ARAHAN:

a) Panaskan ketuhar anda hingga 350°F (175°C). Griskan kuali donat dengan semburan masak atau mentega.

b) Dalam mangkuk adunan, pukul bersama tepung, serbuk koko, serbuk penaik, soda penaik, dan garam. Ketepikan campuran kering ini.

c) Dalam mangkuk adunan lain, pukul mentega lembut dan gula pasir hingga kembang dan gebu.

d) Pukul telur dan ekstrak vanila sehingga sebati.

e) Masukkan bahan kering secara beransur-ansur ke dalam bahan basah, berselang seli dengan buttermilk dalam dua atau tiga penambahan. Mulakan dan selesaikan dengan bahan kering.

f) Kacau dalam pewarna makanan merah sehingga anda mencapai warna yang dikehendaki.

g) Pindahkan adunan donat baldu merah ke dalam beg paip atau beg plastik berzip atas dengan sudutnya dipotong.
h) Paipkan adunan ke dalam kuali donat yang disediakan, penuhkan setiap rongga kira-kira ⅔ penuh.
i) Bakar donat dalam ketuhar yang telah dipanaskan selama 10-12 minit atau sehingga pencungkil gigi yang dimasukkan ke dalam donat keluar bersih.
j) Biarkan donat sejuk dalam kuali selama beberapa minit, kemudian pindahkannya ke rak dawai untuk menyejukkan sepenuhnya.

SEDIAKAN KRIM CHEESE SAYU:
k) Dalam mangkuk adunan, pukul krim keju yang telah dilembutkan sehingga rata.
l) Masukkan gula tepung, susu, dan ekstrak vanila secara beransur-ansur, dan gaul sehingga sayu licin dan berkrim.
m) Celupkan setiap donat yang telah disejukkan ke dalam sayu krim keju, biarkan lebihan menitis.

SEDIAKAN DRIZZLE COKLAT GODIVA:
n) Cairkan coklat gelap Godiva yang dicincang dalam ketuhar gelombang mikro dalam selang 20 saat, kacau sehingga rata.
o) Siramkan coklat gelap Godiva yang dicairkan ke atas donat berlapis keju krim.
p) Biarkan sayu dan hujan renyai coklat ditetapkan sebelum menghidangkan Baldu merah Godiva Donuts anda.

SELERA MAKAN DAN SNEK

33.Bom Baldu merah

BAHAN-BAHAN:
- 100 gram Coklat Hitam, 90%
- 1 Sudu Teh Ekstrak Vanila, Tanpa Gula
- ⅓ cawan Keju Krim, Dilembutkan
- 3 Sudu Besar Stevia
- 4 Titisan Pewarna Makanan Merah
- ⅓ Cawan Krim Berat Ganja, Dipukul

ARAHAN:
a) Ketuhar gelombang mikro coklat anda dalam selang sepuluh saat dalam mangkuk selamat gelombang mikro.
b) Kecuali krim putar, satukan semua bahan lain dalam mangkuk adunan yang besar.
c) Pastikan ia betul-betul licin dengan mencampurkannya dengan pengadun tangan.
d) Masukkan coklat cair dan teruskan gaul selama dua minit lagi.
e) Isikan beg paip separuh bahagian dengan adunan, paipkannya ke atas loyang yang disediakan, dan letakkan di dalam peti sejuk selama empat puluh minit.
f) Sebelum dihidangkan, masukkan sebiji krim putar di atasnya.

34.Bar Labu Baldu merah

BAHAN-BAHAN:
- Bit masak kecil, 2
- Tepung kelapa, ¼ cawan
- Mentega biji labu organik, 1 sudu besar
- Santan, ¼ cawan
- whey vanila, ½ cawan
- 85% coklat gelap, cair

ARAHAN:
a) Satukan semua bahan kering kecuali coklat.
b) Kacau susu di atas bahan kering dan diikat dengan baik.
c) Bentukkan menjadi bar saiz sederhana.
d) Cairkan coklat dalam ketuhar gelombang mikro dan biarkan ia sejuk selama beberapa saat.
e) Sekarang celupkan setiap bar ke dalam coklat cair dan salutkan dengan baik.
f) Sejukkan sehingga coklat set dan padat.
g) Nikmati.

35. Baldu merah Fudge Protein Bar s

BAHAN-BAHAN:
- Pure bit panggang, 1 cawan
- Pes kacang vanila, 1 sudu teh
- Susu soya tanpa gula, ½ cawan
- Mentega kacang, ½ cawan
- Garam Himalaya merah jambu, ⅛ sudu teh
- Ekstrak, 2 sudu teh
- Stevia mentah, ¾ cawan
- Tepung oat, ½ cawan
- Serbuk protein, 1 cawan

ARAHAN:
a) Cairkan mentega dalam periuk dan masukkan tepung oat, serbuk protein, bit puri, vanila, ekstrak, garam, dan stevia. Kacau hingga sebati.
b) Sekarang masukkan susu soya dan kacau sehingga sebati.
c) Pindahkan adunan ke dalam kuali dan sejukkan selama 25 minit.
d) Apabila adunan sudah pejal, potong menjadi 6 bar dan nikmati.

36.Baldu merah Puppy Chow

BAHAN-BAHAN:
- 15.25 auns campuran kek baldu merah
- 1 cawan gula tepung
- 12 auns coklat putih
- 8 auns coklat separuh manis
- 2 sudu besar krim kental, suhu bilik
- 12 auns bijirin Chex
- 10 auns M&M's
- ⅛ Taburan berwarna cawan

ARAHAN:
a) Panaskan ketuhar anda hingga 350°F.
b) Sapukan adunan kek baldu merah di atas loyang yang telah dialas dengan kertas parchment.
c) Bakar dalam ketuhar selama 5-8 minit.
Keluarkan dari ketuhar dan biarkan sejuk.
d) Masukkan adunan kek dan gula tepung ke dalam beg yang boleh ditutup semula dan goncang untuk sebati. Letakkan sebelah.
e) Dalam mangkuk, pecahkan coklat kemudian panaskan dalam ketuhar gelombang mikro dalam kenaikan 30 saat, kacau di antaranya, sehingga coklat cair sepenuhnya.
f) Masukkan krim.
g) Masukkan bijirin Chex ke dalam mangkuk adunan besar yang lain dan tuangkan coklat ke atas.
h) Berhati-hati kacau bijirin bersama-sama coklat sehingga bersalut rata kemudian, bekerja dalam kelompok, masukkan bijirin bersalut coklat ke dalam beg dengan campuran kek dan gula dan goncang sehingga bersalut sepenuhnya.
i) Keluarkan kepingan bijirin ke atas loyang yang dialas dengan kertas parchment.
j) Ulangi dengan bijirin yang tinggal, kemudian biarkan kepingan kering selama kira-kira sejam.
k) Campurkan dengan M&Ms dan taburan dan letak dalam mangkuk untuk dihidangkan.

37.Campuran Pesta Baldu merah

BAHAN-BAHAN:
- 6 cawan bijirin coklat
- ½ cawan gula perang yang dibungkus
- ⅓ cawan mentega
- 3 sudu besar sirap jagung
- 1 titis warna makanan gel merah
- 1 cawan Makanan Campuran Kek
- ½ cawan pembekuan keju krim berkrim

ARAHAN:
a) Dalam mangkuk microwave yang besar, letakkan bijirin; mengetepikan.
b) Dalam mangkuk sederhana gelombang mikro, gula perang gelombang mikro, mentega, sirap jagung, warna makanan dan campuran kek ditemui pada High.
c) Segera tuangkan bijirin; toskan sehingga bersalut sebati.
d) Sapukan pada kertas lilin. Sejukkan selama 5 minit.
e) Dalam mangkuk microwave kecil, letakkan pembekuan; gelombang mikro dibuka pada Tinggi selama 20 saat.
f) Gerimis di atas campuran bijirin. Simpan bertutup longgar.

38. Bebola Kek Baldu Merah

BAHAN-BAHAN:
- Pakej 15.25-auns campuran kek baldu merah
- 1 cawan susu penuh
- ⅓ cawan mentega masin, cair
- 3 sudu teh ekstrak vanila, dibahagikan
- Pemendekan sayur, untuk kuali
- Tepung serba guna, untuk kuali
- pkg 8 auns. krim keju dilembutkan
- ½ cawan mentega masin, dilembutkan
- 4 cawan gula halus
- 30 auns wafer cair putih
- Taburan merah dan putih dan gula pasir

ARAHAN:

a) Panaskan ketuhar hingga 350°F. Pukul adunan kek, susu, mentega cair dan 1 sudu teh vanila di dalam mangkuk pengadun berdiri tugas berat yang dipasang dengan lampiran dayung pada kelajuan rendah sehingga sebati, kira-kira 1 minit. Tingkatkan kelajuan kepada sederhana, dan pukul selama 2 minit. Tuang adunan ke dalam loyang bersaiz 13 x 9 inci yang telah digris dan ditabur tepung.

b) Bakar dalam ketuhar yang telah dipanaskan sehingga pick kayu yang dimasukkan di tengah keluar bersih, 24 hingga 28 minit. Sejukkan dalam kuali di atas rak dawai selama 15 minit. Balikkan kek ke atas rak dawai, dan biarkan sejuk sepenuhnya selama kira-kira 2 jam.

c) Sementara itu, pukul keju krim dan mentega yang telah dilembutkan dengan pengadun berdiri tugas berat yang dipasangkan lampiran dayung pada kelajuan sederhana sehingga berkrim. Kurangkan kelajuan kepada rendah, dan secara beransur-ansur tambah gula tepung dan baki 2 sudu teh vanila, pukul sehingga sebati. Tingkatkan kelajuan kepada sederhana tinggi, dan pukul sehingga kembang, 1 hingga 2 minit.

d) Hancurkan kek yang telah disejukkan ke dalam mangkuk besar. Kacau dalam 2 cawan krim keju frosting.

e) Canai adunan kek menjadi 48 bebola, kira-kira 1 inci diameter. Letakkan bebola di atas lembaran pembakar, dan tutupnya dengan bungkus plastik. Sejukkan selama 8 jam atau semalaman.
f) Cairkan 1 bungkusan wafer cair dalam mangkuk boleh gelombang mikro bersaiz sederhana di dalam ketuhar gelombang mikro mengikut arahan pakej.
g) Menggunakan garpu dan bekerja dengan 1 bola kek pada satu masa, celupkan bola ke dalam wafer cair, membenarkan lebihan menitis kembali ke dalam mangkuk. Letakkan bola di atas lembaran pembakar yang dialas kertas parchment, dan segera taburkan dengan jumlah taburan atau gula pasir yang dikehendaki.
h) Ulangi dengan baki 15 bebola kek dan wafer cair dalam mangkuk, bersihkan garpu di antara setiap celup.
i) Lap mangkuk hingga bersih, dan ulangi 2 kali lagi dengan baki bebola kek sejuk dan 2 bungkusan wafer cair, dan jumlah taburan yang dikehendaki. Sejukkan sehingga sedia untuk dihidangkan.

39. Cawan Baldu merah Perkara remeh

BAHAN-BAHAN:
- Baking Spray
- Pakej 15.25-auns Campuran Kek Baldu merah
- 1 cawan susu mentega rendah lemak atau air
- 3 biji telur
- ½ cawan minyak sayuran
- 7 auns campuran puding segera vanila atau kek keju
- 4 cawan susu penuh
- Topping disebat dan cukur coklat, untuk dihidangkan

ARAHAN:
a) Panaskan ketuhar hingga 350°F.
b) Sembur kuali jellygulung dengan semburan penaik.
c) Campurkan adunan kek, susu mentega atau air, telur dan minyak dalam mangkuk besar dengan pengadun elektrik pada kelajuan rendah sehingga dibasahkan, kira-kira 30 saat.
d) Pukul pada kelajuan sederhana selama 2 minit. Tuang ke dalam kuali.
e) Bakar selama 15 hingga 18 minit, sehingga pencungkil gigi dimasukkan di tengah, keluar bersih.
f) Sejukkan kek dalam kuali di atas rak dawai sehingga sejuk sepenuhnya.
g) Gunakan pisau bergerigi untuk membuat kek menjadi 120 petak kecil.
h) Sediakan puding mengikut arahan pakej.
i) Letakkan 10 kiub kek dalam gelas hidangan dan ratakan dengan puding.
j) Teratas setiap cawan kecil dengan topping yang disebat dan serpihan coklat.

40. Bola Keju Baldu merah

BAHAN-BAHAN:
- 8 auns krim keju, suhu bilik
- ½ cawan mentega tanpa garam, suhu bilik
- 15.25auns kotak campuran kek baldu merah, kering
- ½ cawan gula tepung
- 2 sudu besar gula merah
- ½ cawan cip coklat mini
- biskut vanila/keropok graham, untuk dihidangkan

ARAHAN:
a) Dalam mangkuk pengadun berdiri dengan lampiran dayung, pukul keju krim dan mentega bersama sehingga sebati.
b) Masukkan adunan kek, gula halus, dan gula merah. Gaul sehingga sebati.
c) Kikis adunan pada sekeping besar bungkus plastik. Gunakan balut untuk membentuk adunan menjadi bola. Sejukkan dalam bungkus plastik sehingga cukup kukuh untuk dikendalikan, kira-kira 30 minit.
d) Letakkan cip coklat di atas pinggan. Buka balutan bebola keju dan canai dalam cip coklat.
e) Hidangkan bersama biskut vanila, keropok graham, dsb.

41.Baldu merah Kek keju Brownie Gigitan

BAHAN-BAHAN:

UNTUK BROWNIES:
- 8 sudu besar mentega tanpa garam, cair
- 1 cawan gula
- ¼ cawan serbuk koko tanpa gula
- ½ sudu teh ekstrak vanila
- 1 Sudu besar pewarna makanan merah
- ⅛ sudu teh garam
- ½ sudu teh cuka putih
- 2 biji telur besar, dipukul perlahan
- ¾ cawan tepung serba guna

UNTUK PENGISIAN KEK KEJU:
- Pakej 8-auns krim keju dilembutkan
- 3 Sudu besar gula
- ½ sudu teh ekstrak vanila
- 1 biji kuning telur besar

ARAHAN:

BUAT BATTER BROWNIE:

a) Panaskan ketuhar hingga 350ºF. Griskan loyang muffin mini dengan semburan masak.

b) Dalam mangkuk besar, kacau bersama mentega cair, gula, serbuk koko, ekstrak vanila, pewarna makanan, dan garam sehingga digabungkan, dan kemudian kacau dalam cuka putih.

c) Masukkan telur dan kacau hingga sebati. Masukkan tepung sahaja sehingga sebati. Ketepikan adunan brownies.

BUAT PENGISIAN KEK KEJU:

d) Dalam mangkuk pengadun berdiri yang dipasang dengan lampiran dayung, pukul keju krim dengan gula, ekstrak vanila, dan kuning telur sehingga digabungkan. Pindahkan campuran kek keju ke dalam beg paip atau beg plastik yang boleh ditutup dan potong hujungnya.

e) Menggunakan senduk kecil aiskrim kira-kira 1 sudu besar adunan brownies ke dalam setiap perigi kuali muffin mini. Paipkan kira-kira 1 sudu teh adunan kek keju di atas adunan brownie kemudian atas adunan kek keju dengan tambahan 1 sudu teh adunan brownie. Dengan menggunakan pencungkil gigi, pusingkan adunan brownies dan adunan kek keju bersama-sama.

f) Bakar brownies gigitan selama kira-kira 12 minit atau sehingga adunan kek keju dibakar sepenuhnya. Keluarkan brownies gigitan dari oven dan

42. Nasi Merah Baldu Krispies

BAHAN-BAHAN:
- 10.5 auns marshmallow mini
- 3 Sudu besar mentega
- ½ sudu teh
- ¾ cawan adunan kek baldu merah
- 6 cawan bijirin nasi rangup
- ½ sudu teh pewarna makanan merah pilihan

ARAHAN:
a) Dalam periuk besar di atas api sederhana rendah cairkan mentega dan marshmallow mini.
b) Apabila marshmallow telah cair sepenuhnya, campurkan campuran vanila dan kek baldu merah. Jika anda rasa ia perlu lebih merah, tambah pewarna makanan pada ketika ini.
c) Keluarkan dari api dan kacau perlahan-lahan ke dalam krispi beras sehingga bersalut rata.
d) Setelah semuanya digabungkan, bahagikan sama rata antara dulang buih.
e) Tutup dulang dengan bungkus plastik dan hidangkan.

43.Kerepek Baldu merah

BAHAN-BAHAN:
- 4 bit sederhana, bilas dan dihiris nipis
- 1 sudu teh garam laut
- 2 sudu besar minyak zaitun
- Hummus, untuk hidangan

ARAHAN:
a) Panaskan penggoreng udara hingga 380°F.
b) Dalam mangkuk besar, toskan bit dengan garam laut dan minyak zaitun sehingga bersalut dengan baik.
c) Masukkan hirisan bit ke dalam penggoreng udara dan ratakan dalam satu lapisan.
d) Goreng selama 10 minit. Kacau, kemudian goreng selama 10 minit lagi. Kacau lagi, kemudian goreng selama 5 hingga 10 minit terakhir, atau sehingga kerepek mencapai kerangupan yang diingini.
e) Hidangkan dengan hummus kegemaran.

44. Baldu merah Crinkle Cookies

BAHAN-BAHAN:
- 1 1/2 cawan tepung serba guna
- 1/4 cawan serbuk koko tanpa gula
- 1 1/2 sudu teh serbuk penaik
- 1/4 sudu teh garam
- 1/2 cawan mentega tanpa garam, dilembutkan
- 1 cawan gula pasir
- 2 biji telur besar
- 1 sudu teh ekstrak vanila
- 1 sudu besar pewarna makanan merah
- 1/2 cawan gula tepung, untuk menggulung

ARAHAN:

a) Dalam mangkuk, pukul bersama tepung, serbuk koko, serbuk penaik, dan garam. Mengetepikan.

b) Dalam mangkuk lain, pukul bersama mentega dan gula hingga kembang dan gebu. Masukkan telur satu persatu, pukul sebati selepas setiap penambahan. Masukkan ekstrak vanila dan pewarna makanan merah.

c) Masukkan bahan kering secara beransur-ansur ke dalam adunan basah, gaul sehingga sebati.

d) Tutup doh dan sejukkan di dalam peti sejuk selama sekurang-kurangnya 1 jam.

e) Panaskan ketuhar anda hingga 350°F (175°C) dan alaskan lembaran pembakar dengan kertas parchment.

f) Bentukkan doh menjadi bebola 1 inci, kemudian canai setiap bebola dalam gula tepung untuk disalut.

g) Letakkan bebola bersalut pada lembaran pembakar yang disediakan, jarakkannya kira-kira 2 inci.

h) Bakar selama 10-12 minit atau sehingga bahagian tepi ditetapkan. Biarkan sejuk di atas lembaran pembakar selama beberapa minit sebelum dipindahkan ke rak dawai untuk menyejukkan sepenuhnya.

45. Baldu merah Kek keju Berpusing Blondies

BAHAN-BAHAN:
- 1/2 cawan mentega tanpa garam, cair
- 1 cawan gula pasir
- 2 biji telur besar
- 1 sudu teh ekstrak vanila
- 1 sudu besar pewarna makanan merah
- 1 cawan tepung serba guna
- 1/4 sudu teh garam
- 8 oz krim keju, dilembutkan
- 1/4 cawan gula pasir
- 1 biji kuning telur besar

ARAHAN:
a) Panaskan ketuhar anda hingga 350°F (175°C) dan griskan loyang 9x9 inci.
b) Dalam mangkuk besar, pukul bersama mentega cair dan gula. Pukul telur satu persatu, kemudian masukkan ekstrak vanila dan pewarna makanan merah.
c) Masukkan tepung dan garam sedikit demi sedikit hingga sebati.
d) Dalam mangkuk yang berasingan, pukul bersama krim keju, gula, dan kuning telur sehingga rata.
e) Sapukan adunan blondie ke dalam loyang yang telah disediakan. Titiskan sesudu adunan krim keju di atas adunan, kemudian pusingkan dengan pisau.
f) Bakar selama 25-30 minit atau sehingga pencungkil gigi yang dimasukkan ke tengah keluar bersih. Biarkan sejuk sebelum dihiris segi empat sama.

46.Pai Whoopie Baldu merah

BAHAN-BAHAN:
- 2 cawan tepung serba guna
- 2 sudu besar serbuk koko
- 1 sudu kecil serbuk penaik
- 1/2 sudu teh baking soda
- 1/2 sudu teh garam
- 1/2 cawan mentega tanpa garam, dilembutkan
- 1 cawan gula pasir
- 2 biji telur besar
- 1 sudu teh ekstrak vanila
- 1 sudu besar pewarna makanan merah
- 1/2 cawan buttermilk

UNTUK ISI KRIM CHEESE:
- 8 oz krim keju, dilembutkan
- 1/4 cawan mentega tanpa garam, dilembutkan
- 2 cawan gula halus
- 1 sudu teh ekstrak vanila

ARAHAN:

a) Panaskan ketuhar anda hingga 350°F (175°C) dan alaskan lembaran pembakar dengan kertas parchment.

b) Dalam mangkuk, pukul bersama tepung, serbuk koko, serbuk penaik, soda penaik, dan garam.

c) Dalam mangkuk lain, pukul bersama mentega dan gula hingga kembang dan gebu. Masukkan telur satu persatu, pukul sebati selepas setiap penambahan. Masukkan ekstrak vanila dan pewarna makanan merah.

d) Masukkan bahan kering secara beransur-ansur ke dalam adunan basah, berselang seli dengan buttermilk, bermula dan berakhir dengan bahan kering.

e) Letakkan satu sudu besar adunan ke atas loyang yang disediakan, jarakkannya kira-kira 2 inci.

f) Bakar selama 10-12 minit atau sehingga bahagian tepi ditetapkan. Biarkan sejuk di atas lembaran pembakar selama beberapa minit sebelum dipindahkan ke rak dawai untuk menyejukkan sepenuhnya.

g) Untuk membuat inti krim keju, pukul bersama krim keju, mentega, gula tepung, dan ekstrak vanila sehingga sebati.

h) Sapukan isi krim keju ke bahagian rata separuh biskut, kemudian tutup dengan biskut lain untuk membuat sandwic.

47.Brownies Putar Baldu merah

BAHAN-BAHAN:
- 1/2 cawan mentega tanpa garam
- 1 cawan gula pasir
- 2 biji telur besar
- 1 sudu teh ekstrak vanila
- 1 1/2 cawan tepung serba guna
- 1/4 cawan serbuk koko
- 1/2 sudu teh garam
- 1 sudu besar pewarna makanan merah
- 1/2 cawan cip coklat

ARAHAN:

a) Panaskan ketuhar anda hingga 350°F (175°C) dan griskan loyang 9x9 inci.

b) Dalam mangkuk selamat gelombang mikro, cairkan mentega. Kacau gula hingga sebati.

c) Pukul telur, satu demi satu, kemudian masukkan ekstrak vanila dan pewarna makanan merah.

d) Dalam mangkuk yang berasingan, pukul bersama tepung, serbuk koko dan garam. Masukkan bahan kering secara beransur-ansur ke dalam adunan basah, gaul sehingga sebati.

e) Masukkan cip coklat, kemudian tuangkan adunan ke dalam loyang yang telah disediakan.

f) Menggunakan pencungkil gigi atau pisau, pusingkan adunan untuk menghasilkan kesan guli.

g) Bakar selama 25-30 minit atau sehingga pencungkil gigi yang dimasukkan ke tengah keluar bersih. Biarkan sejuk sebelum dihiris segi empat sama.

48.Bar Kuki Baldu merah

BAHAN-BAHAN:
- 1/2 cawan mentega tanpa garam, cair
- 1 cawan gula pasir
- 2 biji telur besar
- 1 sudu teh ekstrak vanila
- 1 1/2 cawan tepung serba guna
- 2 sudu besar serbuk koko
- 1/2 sudu teh garam
- 1 sudu besar pewarna makanan merah
- 1 cawan cip coklat

ARAHAN:

a) Panaskan ketuhar anda hingga 350°F (175°C) dan griskan loyang 9x13 inci.

b) Dalam mangkuk besar, satukan mentega cair dan gula. Pukul telur satu persatu, kemudian masukkan ekstrak vanila dan pewarna makanan merah.

c) Dalam mangkuk yang berasingan, pukul bersama tepung, serbuk koko dan garam. Masukkan bahan kering secara beransur-ansur ke dalam adunan basah, gaul sehingga sebati.

d) Masukkan cip coklat, kemudian ratakan adunan ke dalam loyang yang telah disediakan.

e) Bakar selama 20-25 minit atau sehingga pencungkil gigi yang dimasukkan ke tengah keluar bersih. Biarkan sejuk sebelum dipotong menjadi bar.

49. Biskut Baldu merah Keju krim Stuffed

BAHAN-BAHAN:
- 1/2 cawan mentega tanpa garam, dilembutkan
- 1/2 cawan gula pasir
- 1/2 cawan gula perang
- 1 biji telur besar
- 1 sudu teh ekstrak vanila
- 1 sudu besar pewarna makanan merah
- 1 3/4 cawan tepung serba guna
- 1/4 cawan serbuk koko
- 1/2 sudu teh baking soda
- 1/4 sudu teh garam
- 4 oz krim keju, dilembutkan
- 1/2 cawan gula halus
- 1/2 sudu teh ekstrak vanila

ARAHAN:

a) Panaskan ketuhar anda hingga 350°F (175°C) dan alaskan lembaran pembakar dengan kertas parchment.

b) Dalam mangkuk besar, krim bersama mentega, gula pasir, dan gula perang sehingga ringan dan gebu. Pukul dalam telur, ekstrak vanila, dan pewarna makanan merah.

c) Dalam mangkuk yang berasingan, pukul bersama tepung, serbuk koko, soda penaik, dan garam. Masukkan bahan kering secara beransur-ansur ke dalam adunan basah, gaul sehingga sebati.

d) Dalam mangkuk lain, pukul bersama krim keju, gula tepung, dan ekstrak vanila sehingga sebati.

e) Sendukkan satu sudu besar adunan biskut dan ratakan ke dalam kekra. Letakkan satu sudu kecil isi krim keju pada separuh daripada kekra, kemudian atas dengan baki kekra untuk membentuk sandwic.

f) Tutupkan tepi biskut bersama-sama, kemudian gulungkannya perlahan-lahan menjadi bebola dan letakkan di atas loyang yang telah disediakan.

g) Bakar selama 10-12 minit atau sehingga bahagian tepi ditetapkan. Biarkan sejuk di atas lembaran pembakar selama beberapa minit sebelum dipindahkan ke rak dawai untuk menyejukkan sepenuhnya. Nikmati biskut sumbat anda!

50. Bonbon Baldu Merah

BAHAN-BAHAN:
- 1 cawan Mentega
- ⅓ cawan Gula manisan
- ¾ cawan Tepung jagung
- 1¼ cawan Tepung serba guna yang telah diayak
- ½ cawan Pecan, dicincang halus

BON BON FROSTING :
- 1 sudu kecil Mentega
- 2 sudu besar Lemon ade
- 1 Pewarna makanan merah

ARAHAN:
a) Campurkan mentega dengan gula sehingga sangat ringan dan gebu.
b) Masukkan tepung jagung dan tepung, gaul rata. Sejukkan sehingga mudah dikendalikan.
c) Panaskan ketuhar hingga 350 darjah. Bentukkan doh menjadi bebola 1 inci.
d) Letakkan bola pada pecan, dan taburkan di atas kertas lilin.
e) Ratakan dengan bahagian bawah gelas yang dicelup dalam tepung.
f) Dengan spatula, letakkan kuki pada helaian kuki yang tidak disapu, kacang menghadap ke atas.
g) Bakar selama 15 minit. Sejuk.
h) Frost dengan Bon Bon Frosting.

BON BON FROSTING :
i) Blend butter, pewarna makanan, dan lemon ade hingga sebati.
j) Putar frosting di atas setiap kuki.

51. Baldu merah Pull-Aparts

BAHAN-BAHAN:
- Makan malam gulung , dicairkan
- Kulit parut 2 biji lemon
- ¼ cawan Mentega
- ½ cawan gula

CITRUS SAYU:
- 1 cawan Gula serbuk
- 1 sudu besar Mentega , cair
- 2 sudu besar jus lemon segar
- 3 titik pewarna makanan Merah

ARAHAN:
a) Potong gulung yang telah dicairkan separuh dan letakkan dalam minyak kuali pizza hidangan dalam.
b) Cairkan mentega dan tuangkan ke atas gulung.
c) M ix kulit limau parut dengan gula dan taburkan pada gulung.
d) Tutup dengan bungkus plastik yang telah disembur dengan semburan masak tidak melekat.
e) Biarkan mengembang sehingga mengembang dua kali ganda. Keluarkan bungkus dan bakar pada suhu 350° selama kira-kira 25 minit.

CITRUS SAYU:
f) Campurkan bahan sayu dan gaul sehingga nipis.
g) Tutup gulung dengan sayu semasa hangat .

52. Kulit Baldu Merah

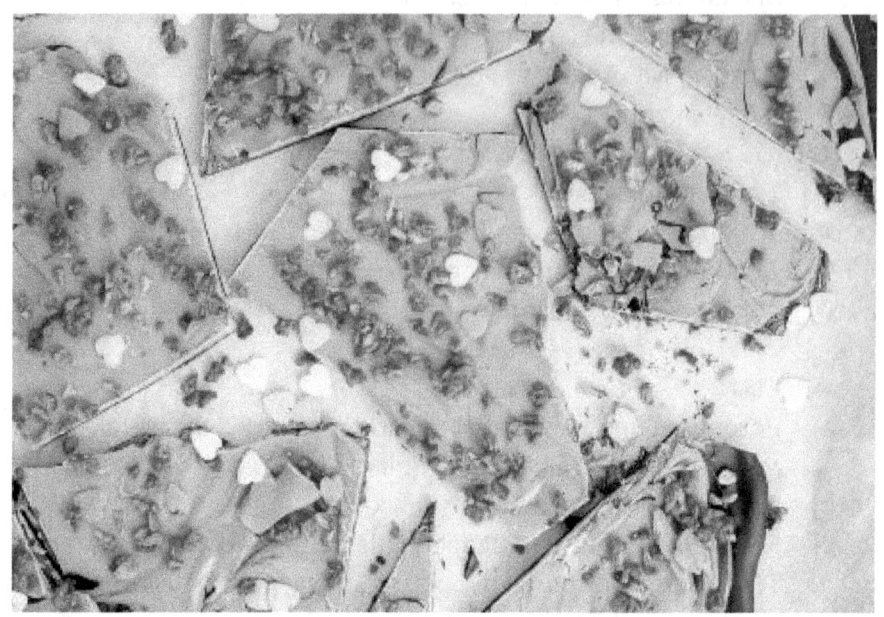

BAHAN-BAHAN:
- 11 auns cip coklat putih
- 1 sudu besar ekstrak lemon
- 4 titik pewarna makanan Merah
- ½ sudu teh asid sitrik atau secukup rasa
- 0.5 -auns strawberi kering beku

ARAHAN:
a) Sediakan loyang dengan menutupnya dengan kertas parchment.
b) Cairkan cip coklat putih dalam ketuhar gelombang mikro menggunakan kenaikan 30 saat dan kacau antara pusingan.
c) Campurkan ekstrak lemon dan pewarna makanan ke dalam coklat putih cair dan kacau hingga sebati.
d) Tambah asid sitrik secukup rasa.
e) Sapukan coklat putih dalam lapisan nipis di atas loyang.
f) Taburkan strawberi kering beku di atas coklat putih .
g) Ketuk kepingan strawberi besar sedikit ke dalam coklat.
h) Sejukkan selama satu jam untuk memejalkan coklat. Pecahkan kepingan dan hidangkan.

53. Bar Baldu merah & Açaí Maqui Beri

BAHAN-BAHAN:
UNTUK KERAK
- ¾ cawan kelapa parut tanpa gula
- ¼ cawan tepung badam
- 4 biji kurma Medjool
- 2 sudu besar minyak kelapa
- ¼ sudu teh garam halal

UNTUK PENGISIAN
- 2 cawan gajus mentah, direndam
- ½ cawan santan penuh lemak dalam tin
- ¼ cawan minyak kelapa, cair dan sejukkan
- ⅓ cawan sirap maple tulen
- ¼ cawan pekat limau merah jambu
- ¼ cawan Açaí Maqui Beri Mix
- Blueberi untuk hiasan

ARAHAN:
a) Alas loyang 8×8" dengan kertas minyak dan gris dengan minyak kelapa. Mengetepikan.
b) Masukkan kelapa, tepung badam, kurma pitted, minyak kelapa, dan garam ke dalam pemproses makanan.
c) Tumbuk hingga sebati menjadi doh yang melekit.
d) Tekan doh kurma dengan rata di sepanjang bahagian bawah kuali yang disediakan.
e) Dalam pemproses makanan yang sama, Satukan semua bahan inti dan kisar sehingga rata.
f) Tuangkan inti ke dalam kuali yang disediakan di atas kerak.
g) Ratakan bahagian atas dan ketuk kuali dengan kuat pada kaunter untuk melepaskan sebarang buih udara.
h) Letakkan di atas permukaan yang rata di dalam peti sejuk untuk mengeras sekurang-kurangnya 3 jam sebelum dipotong.
i) Biarkan mereka cair pada suhu bilik selama 10-15 minit.

54. Nasi Merah Baldu Krispies

BAHAN-BAHAN:
- 10.5 auns marshmallow mini
- 3 Sudu besar mentega
- ½ sudu teh
- ¾ cawan adunan kek baldu merah
- 6 cawan bijirin nasi rangup
- ½ sudu teh pewarna makanan merah pilihan

ARAHAN:
a) Dalam periuk besar di atas api sederhana rendah cairkan mentega dan marshmallow mini.
b) Apabila marshmallow telah cair sepenuhnya, campurkan campuran vanila dan kek baldu merah. Jika anda rasa ia perlu lebih merah, tambah pewarna makanan pada ketika ini.
c) Keluarkan dari api dan kacau perlahan-lahan dalam Rice Krispies sehingga bersalut rata.
d) Setelah semuanya digabungkan, bahagikan sama rata antara dulang buih.
e) Tutup dulang dengan bungkus plastik dan hidangkan.

55. Jem Dan Madeleines Kelapa

BAHAN-BAHAN:
MADELEINES:
- 100g mentega, cincang kasar
- 1 biji telur
- 1 sudu teh ekstrak vanila
- ¼ cawan gula halus
- ¼ cawan kelapa kering halus
- ½ cawan tepung biasa
- ½ sudu teh serbuk penaik
- 100g jem strawberi

AIS PINK:
- 2 cawan gula aising, diayak
- 1 sudu besar susu
- 3 titik pewarna makanan merah
- 2 sudu teh ekstrak kacang vanila

REMIK KELAPA:
- ½ cawan kelapa kering halus
- ½ cawan biskut malt-o-milk, dihancurkan
- 50g coklat putih (pilihan)

ARAHAN:

a) Panaskan ketuhar hingga 180°C (160°C kipas-paksa). Minyakkan sedikit loyang madeleine 12 lubang dan taburkan sedikit dengan tepung biasa. Goncangkan lebihan tepung.

b) Cairkan 100g mentega dalam periuk kecil dengan api sederhana selama 2-3 minit sehingga sedikit keperangan. Sejukkan mentega cair.

c) Dalam mangkuk adunan, pukul telur, ekstrak vanila, gula halus, dan kelapa kering selama 3 minit sehingga pucat dan berkrim.

d) Ayak bersama tepung biasa dan serbuk penaik. Masukkan adunan tepung perlahan-lahan ke dalam adunan telur. Masukkan mentega cair dan lipat sehingga sebati.

e) Sudukan adunan ke dalam tin madeleine, isi setiap satunya separuh sahaja. Tuangkan ¼ sudu teh jem strawberi di tengah setiap madeleine, kemudian tutup dengan lebih sedikit adunan.

f) Bakar selama 9 minit atau sehingga madeleines berwarna keemasan dan lembut. Biarkan mereka berdiri di dalam tin selama 2 minit, kemudian balikkannya ke rak dawai untuk menyejukkan sepenuhnya.

g) Untuk membuat aising merah jambu, gabungkan gula aising yang telah diayak, susu, pewarna makanan merah dan ekstrak kacang vanila dalam mangkuk sederhana. Kacau sehingga terbentuk pes yang sedikit pekat, dan ketepikan.

h) Untuk serbuk kelapa, gunakan pemproses makanan untuk menghancurkan biskut malt-o-milk menjadi serbuk. Masukkan kelapa kering (dan coklat putih pilihan) dan blitz selama 20 saat lagi.

i) Siram aising merah jambu di atas setiap madeleine dan taburkan serbuk kelapa pada satu bahagian atau seluruh bahagian atas, bergantung pada pilihan anda untuk lebih rangup.

j) Nikmati Jam dan Madeleines Kelapa yang cantik dan lazat ini sebagai hidangan yang menarik untuk minum teh atau sebarang majlis khas!

PENJERAHAN

56.Biskut Baldu merah Sumbat Keju Krim

BAHAN-BAHAN:
ISI KRIM CHEESE:
- 1 pakej (8 auns/227g) krim keju, dilembutkan
- 2/3 cawan (75g) gula gula
- 2 sudu besar (15g) King Arthur Unbleached All-Purpose Flour atau King Arthur Gluten-Free Measure for Measure Flour
- 1/2 sudu teh Ekstrak Vanila Tulen King Arthur
- 1/8 sudu teh garam meja

doh:
- 2 cawan (240g) King Arthur Tepung Serbaguna Tidak Dilunturkan atau Sukatan Tanpa Gluten King Arthur untuk Tepung Sukat
- 1/3 cawan (28g) King Arthur Triple Cocoa Blend
- 1 1/2 sudu teh serbuk penaik
- 1/2 sudu teh garam meja
- 1 1/3 cawan (266g) gula pasir
- 8 sudu besar (113g) mentega tanpa garam, dilembutkan
- 2 biji telur besar, pada suhu bilik
- 1 sudu teh Ekstrak Vanila Tulen King Arthur
- 1 sudu kecil gel pewarna makanan merah

PERHIMPUNAN:
- 1/2 cawan (99g) gula pasir
- 1/2 cawan (57g) gula gula

ARAHAN:

a) Panaskan ketuhar hingga 350°F dan alaskan loyang dengan parchment.

ISI KRIM CHEESE:

b) Dalam mangkuk besar atau mangkuk pengadun berdiri, satukan semua bahan pengisian dan gaul sehingga rata selama kira-kira 2 minit.

doh:

c) Ayak bersama tepung, serbuk koko, serbuk penaik, dan garam dalam mangkuk sederhana. Mengetepikan.

d) Dalam mangkuk besar atau pengadun berdiri, pukul bersama gula pasir dan mentega sehingga kembang.

e) Masukkan telur satu persatu, pukul rata antara penambahan. Masukkan vanila dan pewarna makanan, pukul hingga sebati.
f) Masukkan bahan kering dan pukul sehingga tiada bahan kering tinggal. Sejukkan doh sekurang-kurangnya 30 minit atau sehingga 1 hari lebih awal.

MASUKKAN DAN BAKAR:
g) Panaskan ketuhar hingga 350°F dengan rak di tengah dan lapik lembaran penaik dengan parchment.
h) Letakkan baki gula pasir dan gula gula dalam mangkuk yang berasingan.
i) Gunakan senduk biskut jumbo bulat untuk membahagikan 16 busut (kira-kira 47g setiap satu) adunan biskut ke atas loyang.
j) Ambil satu bahagian, tekan perigi di tengah, letakkan timbunan beku beku, picit doh bersama-sama di sekeliling inti, dan gulungkannya menjadi bola. Ulangi dengan 7 bahagian lagi.
k) Salutkan bebola doh yang telah diisi dengan gula pasir diikuti dengan gula kuih-muih untuk disalut.
l) Bakar selama 16 hingga 18 minit, atau sehingga merekah dan kering di sekeliling tepi. Biarkan sejuk di atas loyang sehingga set, kemudian pindahkan ke rak dawai untuk menyejukkan sepenuhnya.
m) Semasa batch pertama membakar, isi dan salutkan kuki yang tinggal.
n) Hidangkan pada suhu bilik.
o) Maklumat Storan:
p) Simpan sisa kuki dalam bekas kedap udara pada suhu bilik sehingga 2 hari.

57. Ladu Rhubarb

BAHAN-BAHAN:
UNTUK SOS:
- 1½ cawan Gula
- 1½ cawan Air
- 1 cawan Tepung
- ⅓ cawan Mentega
- ¼ sudu teh Kayu Manis
- 1 sudu teh Vanila
- ¼ sudu teh Garam
- 1 secubit Pewarna Makanan Merah

UNTUK doh:
- 2 cawan Tepung
- ¼ sudu teh Garam
- 2 sudu besar Gula
- 2½ sudu besar Mentega Sejuk
- 2 sudu teh serbuk penaik
- ½ cawan susu (mungkin memerlukan sehingga ¾ cawan)
- 2 sudu besar Mentega, dilembutkan

UNTUK PENGISIAN:
- ½ cawan Gula
- 2 cawan Rhubarb Dicincang Halus
- Kayu manis (untuk habuk)

ARAHAN:
UNTUK SOS:
a) Panaskan ketuhar hingga 350°F (175°C).
b) Dalam periuk kecil, satukan gula, tepung, kayu manis, dan garam.
c) Campurkan air secara beransur-ansur dan masukkan mentega.
d) Didihkan dengan api besar dan masak selama 1 minit.
e) Masukkan vanila dan, jika dikehendaki, sedikit pewarna makanan merah untuk mewarnakannya merah jambu gelap.
f) Biarkan sos sejuk.

UNTUK doh:
g) Dalam mangkuk adunan sederhana atau pemproses makanan, satukan tepung, gula, serbuk penaik dan garam.
h) Potong atau proses dalam mentega sejuk sehingga adunan menyerupai butir jagung kecil.
i) Masukkan susu dan kacau dengan cepat.
j) Canai doh ke atas permukaan yang ditaburkan dengan tepung sehingga segi empat tepat 12 x 10 inci.
k) Sapukan mentega lembut ke atas doh, kemudian susun rhubarb yang telah dicincang di atasnya.
l) Taburkan gula ke seluruh rhubarb dan taburkan dengan banyak kayu manis.
m) Gulungkan doh dari bahagian yang panjang dan letakkan di atas papan pemotong, jahitan bahagian bawah.
n) Potong gulung kepada 12 bahagian.
o) Susun hirisan bahagian atas dalam loyang kaca rata 3 liter yang telah diminyaki.
p) Tuangkan sos yang telah disejukkan ke atas.
q) Bakar selama 35 minit, atau sehingga ladu kembang dan perang keemasan.
r) Hidangkan dengan krim jika mahu.
s) Nikmati Ladu Rhubarb yang lazat!

58. Kek Baldu merah Tres Leches

BAHAN-BAHAN:
KEK:
- 1 kotak Campuran Kek Makanan Syaitan
- 1 cawan air
- 1 sudu besar minyak sayuran
- 4 biji telur
- 2 sudu teh vanila
- 1 botol (1 auns) warna makanan merah (kira-kira 2 sudu besar)

CAMPURAN LECHES TRES:
- 1 tin (14 auns) susu pekat manis (tidak sejat)
- 1 cawan minuman keras krim Ireland
- ½ cawan krim putar berat

TOPPING:
- 1 ½ cawan krim putar berat
- 3 sudu besar gula halus
- ½ sudu teh vanila

HIASAN:
- ¼ cawan bar pembakar coklat gelap yang dicukur

ARAHAN:

a) Panaskan ketuhar anda mengikut arahan adunan kek. Gris dan tepung dalam loyang 13x9 inci.
b) Dalam mangkuk besar, satukan adunan kek, air, minyak sayuran, telur, vanila dan warna makanan merah. Gaul hingga sebati.
c) Tuangkan adunan ke dalam loyang yang telah disediakan dan bakar mengikut arahan pakej. Setelah masak, biarkan kek sejuk sedikit.
d) Dalam mangkuk adunan, pukul bersama susu pekat manis, minuman keras krim Ireland dan krim sebat berat untuk menghasilkan campuran Tres leches.
e) Semasa kek masih suam, lubangkan seluruhnya menggunakan garpu atau lidi. Perlahan-lahan tuangkan campuran Tres leches ke atas kek, biarkan ia meresap ke dalam lubang. Sejukkan kek selama sekurang-kurangnya 2 jam atau sehingga sejuk.
f) Dalam mangkuk lain, pukul bersama krim putar berat, gula tepung, dan vanila sehingga puncak kaku terbentuk. Sapukan krim putar ke atas kek sejuk.
g) Hiaskan kek dengan bar pembakar coklat gelap yang dicukur.
h) Hiris dan sajikan Kek Baldu merah Tres Leches yang menarik ini untuk menikmati rasa yang kaya dan dekaden!

59. Gula-gula Cane Kek Gulung

BAHAN-BAHAN:
UNTUK KEK:
- 1 cawan tepung serba guna
- 1 sudu teh krim tarter
- ½ sudu teh serbuk penaik
- 1 cawan gula pasir
- 3 biji telur besar
- ⅓ cawan air
- ½ sudu teh pewarna makanan merah
- ¼ cawan gula tepung untuk habuk

UNTUK PENGISIAN:
- 2 cawan gula halus
- 1 cawan mentega, dilembutkan
- 1 sudu teh ekstrak pudina

UNTUK TOPPING:
- ½ cawan gula tepung
- 1 Sudu besar susu
- 2 batang gula-gula, hancurkan

ARAHAN:

a) Panaskan ketuhar hingga 375°F. Alas loyang jeli bersaiz 10×15 inci dengan parchment atau kertas lilin.

b) Dalam mangkuk besar, pukul bersama tepung, krim tartar, serbuk penaik, dan gula pasir.

c) Dalam mangkuk sederhana yang berasingan, pukul telur dan air bersama-sama dengan tinggi sehingga ringan dan lapang; kira-kira lima minit.

d) Masukkan adunan telur perlahan-lahan ke dalam bahan kering sehingga sebati. Jangan overmix. Bahagikan adunan kepada dua mangkuk yang berasingan. Pewarna satu setengah merah.

e) Tuangkan satu adunan ke bawah sebelah kuali yang disediakan. Tuangkan separuh lagi ke bahagian lain (supaya mereka bersebelahan). Bakar selama 10 hingga 12 minit atau sehingga bahagian putih berwarna perang keemasan.

f) Semasa kek dibakar, letakkan tuala dapur yang bersih. Habuk rata dengan ¼ cawan gula tepung untuk memastikan kek tidak melekat pada tuala.

g) Apabila kek selesai dibakar, segera balikkan ke atas tuala dan kupas perlahan-lahan kertas parchment. Gulungkan kek ke dalam tuala. Biarkan kek berehat dan sejuk di kaunter selama satu hingga dua jam.

h) Untuk Pengisian: Pukul gula tepung dan mentega lembut sehingga sebati dan berkrim. Campurkan dalam ekstrak pudina. Buka gulungan kek setelah sejuk sepenuhnya dan bekukan dengan inti. Gulung semula kek (tanpa tuala) serapat yang boleh. Tutup kek dengan bungkus plastik dan letakkan di dalam peti sejuk untuk menyejukkan sekurang-kurangnya satu jam sebelum dihidangkan.

i) Untuk Topping: Apabila sedia untuk dihidangkan, buka bungkus kek dari bungkus plastik dan letakkan di atas pinggan hidangan atau pinggan besar. Campurkan gula tepung dan susu. Tuangkan rata ke atas kek, kemudian tutup dengan tongkat gula-gula yang dihancurkan.

j) Hiris dan hidangkan!

60. Kek cawan Piñata

BAHAN-BAHAN:
CUPKEKS:
- 2 batang Mentega (suhu bilik)
- 1 cawan Gula
- 2 sudu teh Vanila
- 1 cawan Tepung
- ½ sudu teh Garam
- 1 sudu teh Serbuk Penaik

FROSTING:
- 1 Lemon
- 2 batang Mentega
- 16 auns Gula Serbuk
- 2-3 sudu besar Susu
- 4 sudu besar Jem Raspberi
- 2-4 titik Pewarna Makanan Merah
- 10 auns Skittles America Mix Candies

ARAHAN:

CUPKEKS:

a) Panaskan ketuhar hingga 350°F. Pukul mentega dan gula dengan mixer tangan sehingga ringan dan gebu.
b) Masukkan vanila dan telur satu persatu. Dalam mangkuk yang berasingan, pukul tepung, garam dan serbuk penaik.
c) Perlahan-lahan masukkan bahan kering ke dalam adunan mentega, gaul rata sehingga sebati sepenuhnya.
d) Isi loyang kek cawan yang berlapik ¾ daripada cara dan bakar selama 18-22 minit. Benarkan mereka sejuk sepenuhnya.

FROSTING:

e) Perah lemon dan ketepikan. Ayak gula tepung ke dalam mangkuk adunan.
f) Menggunakan pengadun tangan, krim mentega hingga rata. Tambah gula tepung secara beransur-ansur, ½ cawan pada satu masa, memastikan pencampuran menyeluruh sebelum setiap penambahan.
g) Masukkan jem raspberi, kulit limau, susu dan pewarna makanan.
h) Untuk memasang, ukir sekeping 1 inci dari tengah setiap kek cawan (simpan penutup). Isi setiap rongga dengan ¼ cawan gula-gula Skittles dan gantikan penutupnya.
i) Bekukan kek cawan dan hiaskannya dengan Skittles tambahan.
j) Kek Cawan Piñata ini menjanjikan cetusan kegembiraan dengan setiap gigitan, menjadikannya sensasi manis di mana-mana perayaan.

61. Kek Pendek Coklat Strawberi

BAHAN-BAHAN:
- ¼ cawan gula
- 1 sudu besar tepung jagung
- Garam petak
- 2 sudu besar air
- ½ cawan strawberi dihancurkan
- 1 titis pewarna makanan merah, pilihan
- 2 kek span bulat individu
- ⅔ cawan hirisan strawberi segar
- ⅓ cawan topping disebat
- 1 sudu besar sirap coklat, pilihan

ARAHAN:
a) Campurkan garam, tepung jagung, dan gula dalam periuk kecil. Campurkan strawberi yang telah dihancurkan dan air.
b) Didih; biarkan masak dan gaul seminit hingga pekat. Letakkan pewarna makanan jika suka.
c) Di atas pinggan hidangan, letakkan kek span.
d) Letakkan sirap coklat, topping putar, strawberi yang dihiris, dan sos strawberi jika mahu.

62. Kek Gula Cookie Mug

BAHAN-BAHAN:
- 2 sudu besar pengganti telur
- 2 Sudu besar mentega, dilembutkan
- ⅓ cawan tepung
- 3 Sudu besar gula
- 1 sudu teh vanila
- 3 Sudu Besar rumchata
- 2 Sudu besar taburan pelangi
- 1 cawan gula tepung
- 2-3 titik pewarna makanan merah jambu atau merah

ARAHAN:
a) Dalam mangkuk, kacau bersama pengganti telur, mentega, tepung, gula, vanila, 2 sudu besar rumchata, dan 1 sudu besar taburan pelangi.
b) Letakkan dalam mug tambahan.
c) Ketuhar gelombang mikro selama 60 saat, lap mana-mana adunan yang telah menggelegak di tepi, kemudian kembali ke ketuhar gelombang mikro selama 30 saat tambahan.
d) Keluarkan kek dan masukkan ke dalam peti ais.
e) Semasa ia sejuk, kacau bersama gula tepung, 1 Sudu Besar rumchata, dan pewarna makanan.
f) Siramkan atas kek yang agak suam.

63. Makaroni Mawar Raspberi

BAHAN-BAHAN:

UNTUK KERANG MACARON:
- 250 gram Aquafaba (cecair daripada kacang ayam dalam tin)
- ⅛ sudu teh Krim Tartar
- Secubit garam
- 150 gram Badam Kisar
- 130 gram Gula Ais Tulen
- 110 gram Gula Halus/Caster
- Setitik Pewarna Makanan Merah Vegan
- Beberapa titis Ekstrak Mawar Organik

UNTUK RASPBERI ROSE BUTTERCREAM:
- 125 gram Pengganti Mentega Vegan
- 55 gram Gula Ais
- Beberapa titis Ekstrak Mawar Organik
- Beberapa titis Pewarna Makanan Merah Vegan
- 25 Raspberi

TAMBAHAN:
- Beg Paip dengan Petua Bulat dipasang
- Tikar Silpat atau Kertas Pembakar Silikon
- Dulang Pembakar
- Botol Sembur berisi Air

ARAHAN:

a) Malam sebelum membuat macaron, sediakan Aquafaba anda. Dalam periuk kecil, renehkan 250 gram Aquafaba sehingga ia berkurangan kepada 110 gram. Tuangkan ke dalam mangkuk untuk menyejukkan dan sejukkan semalaman.

b) Kulit Macaron: Proses Badam Kisar dan Gula Ais dalam pemproses makanan, kemudian tapis ke dalam mangkuk untuk mengeluarkan sebarang ketulan. Mengetepikan.

c) Dalam pengadun berdiri dengan pemukul bersih, pukul Aquafaba, krim tartar dan garam sehingga ia menjadi berbuih dan menyerupai putih telur yang berbuih. Pastikan tiada cecair tertinggal di bahagian bawah mangkuk.

d) Masukkan gula kastor secara beransur-ansur semasa pengadun dihidupkan. Tambah pewarna makanan merah vegan dan ekstrak mawar organik, dan teruskan pukul sehingga anda mempunyai meringue yang tebal dan berkilat.

e) Masukkan separuh adunan badam/gula aising perlahan-lahan ke dalam meringue dengan spatula. Tambah separuh kedua dan teruskan melipat sehingga campuran menyerupai lava tebal. Elakkan terlalu mencampurkan.

f) Isikan beg paip yang dipasang dengan muncung bulat dengan campuran macaron dan paipkan bulatan 2 inci di atas tikar beralaskan Kertas Pembakar Silpat atau Silikon. Anda mungkin memerlukan 3 atau 4 dulang untuk menyalurkan semua kulit macaron.

g) Bangkan dulang di atas kaunter untuk menghilangkan gelembung udara, kemudian biarkan dulang berada di kawasan yang sejuk selama 2-3 jam sehingga cengkerang menjadi matte dan tidak lagi melekit.

h) Panaskan ketuhar hingga 120 darjah Celsius. Bakar setiap dulang macaron secara berasingan selama 28-30 minit tanpa membuka pintu ketuhar di antaranya. Selepas membakar, biarkan macaron di dalam ketuhar selama 15 minit tambahan, kemudian sejukkan dengan teliti sebelum dikeluarkan dari kertas Silpat/Silicone.

i) Raspberi Rose Buttercream: Dalam pengadun berdiri, pukul mentega vegan dengan gula aising, ekstrak mawar organik dan pewarna makanan merah vegan sehingga kembang. Pindahkan ke beg paip yang dipasang dengan muncung bulat.

j) Basuh dan keringkan raspberi, dan ketepikan.

PERHIMPUNAN:

k) Letakkan macaron dengan bahagian bulat ke bawah di atas kaunter dapur. Siram sedikit bahagian bawah macaron dengan air dan biarkan selama 5 minit sebelum diisi.

l) Sapukan cincin krim mentega di sekeliling pangkal macaron dan letakkan keseluruhan raspberi di tengah. Sandwic dengan kulit macaron yang lain dan ulangi sehingga semua kerang terisi.

m) Letakkan macaron dalam kotak dan sejukkan semalaman, idealnya selama 2 malam, untuk membolehkannya matang dan mencapai tekstur yang betul.

n) Macarons paling baik dihidangkan pada suhu bilik atau 10 minit keluar dari peti sejuk, bukan terus dari peti sejuk.

64. Kek cawan Baldu merah

BAHAN-BAHAN:
- 2 biji putih telur
- 2 cawan adunan kek baldu merah
- 1 cawan campuran kek coklat
- ¼ cawan tincture yang diselitkan kanabis
- 1 beg 12 auns cip coklat
- 1 tin 12-auns lemon-limau soda pop
- 1 12-auns Tab pembekuan krim masam

ARAHAN:
a) Panaskan ketuhar hingga 350°F.
b) Alas loyang muffin dengan cawan pembakar kertas.
c) Satukan putih telur, campuran kek , tincture , cip coklat dan soda dalam mangkuk adunan yang besar.
d) Gaul rata sehingga adunan yang licin terbentuk.
e) Tuang adunan ke dalam cawan pembakar.
f) Bakar selama 20 minit.
g) Biarkan kek cawan sejuk sebelum dibekukan.

65. Kek Ais Baldu merah

BAHAN-BAHAN:
UNTUK KEK:
- 2 1/2 cawan tepung serba guna
- 1 1/2 cawan gula pasir
- 1 sudu teh baking soda
- 1 sudu teh garam
- 1 sudu teh serbuk koko
- 1 1/2 cawan minyak sayuran
- 1 cawan buttermilk, suhu bilik
- 2 biji telur besar, suhu bilik
- 2 sudu besar pewarna makanan merah
- 1 sudu teh ekstrak vanila
- 1 sudu teh cuka putih

UNTUK KRIM CHEESE FROSTING:
- 16 auns krim keju, dilembutkan
- 1/2 cawan mentega tanpa garam, dilembutkan
- 4 cawan gula halus
- 1 sudu teh ekstrak vanila

ARAHAN:
a) Panaskan ketuhar anda hingga 350°F (175°C). Gris dan tepung dua loyang kek bulat 9 inci.
b) Dalam mangkuk besar, ayak bersama tepung, gula, soda penaik, garam dan serbuk koko.
c) Dalam mangkuk lain, campurkan bersama minyak sayuran, susu mentega, telur, pewarna makanan merah, ekstrak vanila, dan cuka putih sehingga sebati.
d) Masukkan bahan basah secara beransur-ansur ke dalam bahan kering, gaul hingga sebati dan sebati.
e) Bahagikan adunan sama rata antara loyang kek yang telah disediakan.
f) Bakar dalam ketuhar yang telah dipanaskan selama 25-30 minit, atau sehingga pencungkil gigi yang dimasukkan ke dalam bahagian tengah kek keluar bersih.
g) Keluarkan kek dari ketuhar dan biarkan ia sejuk dalam kuali selama 10 minit sebelum memindahkannya ke rak dawai untuk menyejukkan sepenuhnya.
h) Semasa kek sejuk, sediakan pembekuan keju krim. Dalam mangkuk besar, pukul bersama krim keju dan mentega sehingga licin dan berkrim. Masukkan gula tepung dan ekstrak vanila secara beransur-ansur, pukul hingga sebati dan kembang.
i) Setelah kek benar-benar sejuk, letakkan satu lapisan kek di atas pinggan hidangan. Sapukan lapisan krim keju frosting di atas.
j) Letakkan lapisan kek kedua di atas dan bekukan bahagian atas dan tepi kek dengan baki pembekuan krim keju.
k) Hiaskan kek mengikut keinginan.
l) Sejukkan kek di dalam peti sejuk selama sekurang-kurangnya 30 minit sebelum dihidangkan untuk membolehkan pembekuan ditetapkan.
m) Hiris dan hidangkan.

66. Souffle Strawberi

BAHAN-BAHAN:
- 18 auns strawberi segar, dikupas dan ditulenkan
- ⅓ cawan madu mentah
- 5 putih telur organik
- 4 sudu teh limau merah jambu

ARAHAN:
a) Panaskan ketuhar anda hingga 350ºF.
b) Dalam mangkuk, satukan puri strawberi, madu, 2 putih telur dan limau merah jambu.
c) Denyut menggunakan pengisar tangan sehingga kembang dan ringan.
d) Dalam mangkuk lain, pukul baki putih telur hingga kembang.
e) Campurkan baki madu .
f) Perlahan-lahan kacau putih telur ke dalam adunan strawberi.
g) Pindahkan adunan sama rata ke dalam 6 ramekin dan ke atas loyang.
h) Masak selama kira-kira 10-12 minit.
i) Keluarkan dari ketuhar dan hidangkan segera.

67.Kek Baldu merah

BAHAN-BAHAN:
- 2½ cawan tepung serba guna
- 2 sudu teh serbuk koko tanpa gula
- 1 sudu teh garam halal
- 1 sudu teh baking soda
- 2 biji telur, pada suhu bilik
- 1½ cawan gula pasir
- 1½ cawan minyak sayuran
- 1 cawan buttermilk, pada suhu bilik
- 1½ sudu teh ekstrak vanila
- 1 sudu teh cuka putih suling
- 1-auns pewarna makanan merah

UNTUK FROSS:
- 16 auns krim keju, dilembutkan
- 1 cawan mentega tanpa garam, dilembutkan
- 8 cawan gula halus
- 1 sudu besar susu penuh
- 2 sudu teh ekstrak vanila

ARAHAN:

a) Panaskan ketuhar hingga 325 darjah F. Sembur dua kuali kek 9 inci dengan semburan penaik, atau gris dan tepungkannya.

b) Dalam mangkuk adunan yang besar, satukan tepung, serbuk koko, garam dan soda penaik dan ayak atau pukul bersama.

c) Dalam mangkuk sederhana, pecahkan telur dan pukul dengan pukul. Tuangkan gula, minyak, susu mentega dan vanila ke dalam mangkuk, dan gaul menggunakan pengadun pegang tangan pada kelajuan rendah sehingga semuanya baik dan berkrim.

d) Perlahan-lahan satukan bahan basah dengan bahan kering dalam mangkuk besar.

e) Masukkan cuka dan pewarna makanan merah. Lipat sehingga semua adunan kek berwarna merah dan tiada coretan.

f) Tuangkan adunan kek yang sama banyak ke dalam setiap loyang kek. Goncang dan ketuk kuali untuk mengeluarkan sebarang buih udara, kemudian biarkan selama 5 minit. Bakar kek selama 25 hingga 30 minit. Keluarkan kek dari kuali kek dan letakkan di atas rak penyejuk.

g) Semasa kek sejuk, buat pembekuan. Dalam mangkuk besar, satukan keju krim dan mentega.

h) Campurkan kedua-dua bahan bersama menggunakan pengadun pegang tangan, kemudian masukkan gula tepung 1 cawan pada satu masa secara perlahan-lahan.

i) Masukkan susu dan vanila, dan gaul sehingga frosting bagus dan berkrim. Setelah kek benar-benar sejuk, bekukan.

68.Biskut Coklat Cip Baldu merah

BAHAN-BAHAN:
- 1½ cawan tepung serba guna
- ¼ cawan serbuk koko
- 1 sudu teh baking soda
- ¼ sudu teh garam laut
- ½ cawan mentega tanpa garam, suhu bilik
- ½ cawan gula perang
- ½ cawan
- 1 biji telur, suhu bilik
- 1 sudu besar susu/susu mentega/yoghurt asli
- 2 sudu teh ekstrak vanila
- ½ sudu teh gel pewarna makanan merah
- 1 cawan cip coklat putih atau gelap

ARAHAN:

a) Dalam mangkuk adunan besar, pukul tepung, serbuk koko, soda penaik, dan garam bersama-sama kemudian ketepikan.
b) Menggunakan pengadun pegang tangan atau berdiri, pukul mentega, gula perang dan gula pasir pada kelajuan tinggi sehingga berkrim selama kira-kira 1-2 minit.
c) Seterusnya, masukkan telur, susu, ekstrak vanila & pewarna makanan kemudian pukul hingga sebati kemudian matikan mixer.
d) Masukkan bahan kering ke dalam bahan basah.
e) Hidupkan pengadun pada kelajuan rendah dan pukul perlahan sehingga doh yang sangat lembut terbentuk.
f) Sekiranya anda perlu menambah lebih banyak warna makanan, sila berbuat demikian pada ketika ini.
g) Akhir sekali, masukkan cip coklat & pukul.
h) Tutup doh dengan bungkus plastik dan biarkan ia sejuk di dalam peti sejuk selama sekurang-kurangnya 2 jam atau semalaman.
i) Setelah sejuk, biarkan doh berada pada suhu bilik selama sekurang-kurangnya 15 minit sebelum digulung menjadi bebola dan dibakar kerana doh akan mengeras.
j) Panaskan ketuhar anda hingga 180°C.
k) Lapik dua dulang pembakar besar dengan kertas pacmen atau alas pembakar silikon. Mengetepikan.
l) Dengan menggunakan sudu, cedok timbunan doh biskut dan canai menjadi bebola.
m) Susun di atas dulang pembakar yang telah dialas dengan kertas minyak kemudian bakar selama 11-13 minit.
n) Bakar secara berkelompok.
o) Tambah beberapa cip coklat lagi di atas biskut panas.

69. Wafel Aiskrim Baldu merah

BAHAN-BAHAN:
- 1¾ cawan tepung serba guna
- ¼ cawan koko tanpa gula
- 1 sudu teh baking soda
- 1 sudu teh garam
- 1 cawan minyak canola
- 1 cawan gula pasir
- 1 biji telur besar
- 3 sudu besar pewarna makanan merah
- 1 sudu teh ekstrak vanila tulen
- 1½ sudu teh cuka putih suling
- ½ cawan buttermilk
- Semburan masak nonstick
- 1½ liter aiskrim vanila
- 2 cawan cip coklat mini separa manis

ARAHAN:
a) Panaskan seterika wafel hingga sederhana.
b) Dalam mangkuk bersaiz sederhana, pukul bersama tepung, koko, soda penaik dan garam. Mengetepikan.
c) Dalam mangkuk pengadun berdiri, atau dengan pengadun tangan elektrik dalam mangkuk besar, pukul minyak dan gula pada kelajuan sederhana sehingga sebati. Pukul dalam telur. Kecilkan pengadun kepada rendah, dan perlahan-lahan masukkan pewarna makanan dan vanila.
d) Campurkan cuka dan susu mentega. Masukkan separuh daripada campuran buttermilk ini ke dalam mangkuk besar dengan minyak, gula dan telur. Kacau hingga sebati, kemudian masukkan separuh adunan tepung.
e) Kikis mangkuk dan kacau hanya untuk memastikan tiada tepung yang tidak dicampur.
f) Masukkan baki adunan buttermilk, kacau hingga sebati, kemudian masukkan adunan tepung yang terakhir.
g) Kacau lagi, cukup untuk memastikan tiada tepung yang tidak dibancuh.

h) Salut kedua-dua belah grid besi wafel dengan semburan nonstick. Tuang adunan secukupnya ke dalam seterika wafel untuk menutup grid, tutup tudung dan masak sehingga wafel cukup pejal untuk dikeluarkan dari seterika wafel, 4 minit.
i) Biarkan wafel sejuk sedikit di atas rak dawai. Gunakan gunting dapur atau pisau tajam untuk memisahkan wafel menjadi beberapa bahagian.
j) Ulang untuk membuat sejumlah 16 bahagian.
k) Semasa bahagian wafel menyejuk, tetapkan ais krim di kaunter supaya lembut selama 10 minit.
l) Selepas ais krim telah lembut, sediakan separuh daripada bahagian wafel dan gunakan spatula untuk menyapu ais krim setebal kira-kira 1 inci pada setiap satu.
m) Teratas dengan bahagian yang tinggal untuk membuat 8 sandwic. Kikis sebarang limpahan aiskrim dengan spatula getah untuk mengemaskan tepinya.
n) Kemudian celupkan tepi aiskrim ke dalam mangkuk atau hidangan cetek berisi cip coklat mini.
o) Balut setiap sandwic dengan ketat dalam bungkus plastik, letakkan dalam beg berzip atas, dan letakkan beg di dalam peti sejuk selama sekurang-kurangnya 1 jam untuk membenarkan ais krim mengeras.
p) Keluarkan sandwic beberapa minit sebelum dihidangkan untuk membolehkannya lembut sedikit.

70. Kek Keju Mini Baldu merah

BAHAN-BAHAN:

LAPISAN COOKIE BALDU MERAH
- 1 dan ½ cawan + 1 Sudu Besar tepung serba guna
- ¼ cawan serbuk koko tanpa gula
- 1 sudu teh baking soda
- ¼ sudu teh garam
- ½ cawan mentega tanpa garam dilembutkan ke suhu bilik
- ¾ cawan gula perang ringan atau gelap yang dibungkus
- ¼ cawan gula pasir
- 1 biji telur, pada suhu bilik
- 1 Sudu besar susu
- 2 sudu teh ekstrak vanila tulen
- 1 Sudu besar pewarna makanan merah

LAPISAN KEK KEJU
- 12 auns krim keju, dilembutkan ke suhu bilik
- 2 Sudu besar yogurt
- ⅓ cawan gula pasir
- 1 biji telur besar, pada suhu bilik
- 1 sudu teh ekstrak vanila tulen
- ½ cawan cip coklat mini atau separa manis biasa

ARAHAN:
a) Panaskan ketuhar hingga 350°F.
b) Lapik dua loyang muffin 12 kiraan dengan pelapik kek cawan. Mengetepikan.
c) Buat lapisan biskut baldu merah: campurkan tepung, serbuk koko, soda penaik dan garam bersama-sama dalam mangkuk besar. Mengetepikan.
d) Menggunakan pengadun pegang tangan atau berdiri dengan lampiran dayung, pukul mentega pada kelajuan tinggi sehingga berkrim, kira-kira 1 minit.
e) Kikis bahagian tepi dan bahagian bawah mangkuk mengikut keperluan.
f) Tukar pengadun kepada kelajuan sederhana dan pukul gula perang dan gula pasir sehingga sebati.

g) Pukul dalam telur, susu, dan ekstrak vanila, mengikis bahagian tepi dan bawah mangkuk mengikut keperluan.
h) Setelah sebati, masukkan pewarna makanan dan pukul sehingga sebati.
i) Matikan mixer dan tuangkan bahan kering ke dalam bahan basah. Hidupkan pengadun pada perlahan dan pukul perlahan sehingga doh yang sangat lembut terbentuk.
j) Pukul lebih banyak pewarna makanan jika anda mahu doh menjadi lebih merah. Doh akan melekit.
k) Tekan 1 sudu kecil doh biskut ke bahagian bawah setiap pelapik kek cawan. Saya katakan "kurang" kerana jika tidak, anda tidak akan cukup untuk membuat 22-24 kek keju mini. Bakar setiap batch selama 8 minit untuk pra-membakar kerak sebelum melapiskan kek keju di atas.
l) Buat lapisan kek keju: menggunakan pengadun pegang tangan atau berdiri dengan lampiran dayung, pukul keju krim pada sederhana tinggi sehingga licin sepenuhnya.
m) Masukkan yogurt dan gula, pukul sehingga sebati.
n) Masukkan telur dan esen vanilla dan pukul dengan sederhana hingga sebati.
o) Masukkan cip coklat perlahan-lahan. Dollop 1 Sudu besar adunan kek keju di atas kuki yang telah dibakar, ratakan untuk memastikan ia menutupi kuki sepenuhnya.
p) Kembalikan kek keju mini ke dalam ketuhar dan teruskan membakar selama kira-kira 20 minit lagi.
q) Tutup cawan dengan kerajang aluminium jika bahagian atasnya menjadi terlalu coklat terlalu cepat.
r) Biarkan sejuk selama 30 minit di kaunter, kemudian di dalam peti sejuk untuk ditetapkan selama 1.5 jam lagi.
s) Cawan kuki kekal segar dan ditutup pada suhu bilik selama 12-24 jam, dan kemudian mesti disejukkan selepas itu sehingga 3 hari lagi.

71.Muffin Keju Krim Baldu merah

BAHAN-BAHAN:
CRUMB TOPPING
- ½ cawan gula pasir
- ¼ cawan tepung serba guna
- 2 sudu besar mentega tanpa garam

CAMPURAN KEJU KRIM
- 4 auns krim keju dilembutkan
- ¼ cawan gula pasir
- ½ sudu teh ekstrak vanila

MUFIN
- 1 ¼ cawan tepung serba guna
- ½ cawan gula pasir
- 2 sudu teh serbuk penaik
- ½ sudu teh garam
- 1 biji telur besar
- ½ cawan minyak sayuran
- ⅓ cawan susu
- 2 sudu besar serbuk koko tanpa gula
- 2 sudu kecil pewarna makanan merah

ARAHAN:
a) Panaskan ketuhar hingga 375° F.
b) Sediakan loyang muffin dengan melapik dengan pelapik atau sembur dengan semburan masak tidak melekat.

CRUMB TOPPING
c) Dalam mangkuk sederhana, masukkan tepung, gula, dan mentega. Menggunakan garpu, potong mentega sehingga anda mempunyai serbuk kasar.

CAMPURAN KEJU KRIM
d) Dalam mangkuk lain, krim bersama keju krim, gula, dan vanila sehingga licin.

MUFIN
e) Dalam mangkuk pengadun berdiri, masukkan tepung, serbuk penaik, dan garam dan pukul sehingga sebati.
f) Masukkan telur, minyak, susu, serbuk koko dan pewarna makanan merah dan gaul sehingga sebati.
g) Lipat campuran keju krim ke dalam adunan muffin, berhati-hati agar tidak terlalu bercampur.
h) Cedok adunan ke dalam muffin yang telah disediakan, isi setiap satu kira-kira ⅔ penuh.
i) Taburkan topping serbuk ke atas setiap muffin secara rata.
j) Bakar pada suhu 375° F selama 17-19 minit atau sehingga pencungkil gigi yang dimasukkan di tengah keluar bersih.
k) Biarkan mufin sejuk di dalam kuali selama kira-kira 10 minit, kemudian pindahkannya ke rak penyejuk untuk menyejukkan sepenuhnya.

72.Tart Raspberi Baldu merah

BAHAN-BAHAN:
- 1 helai pastri pai yang disejukkan
- 1 putih telur besar, dipukul ringan
- ¼ cawan jem raspberi tanpa biji
- ⅔ cawan mentega dilembutkan
- ¾ cawan gula
- 3 biji telur besar
- 1 biji kuning telur besar
- 1 sudu besar baking koko
- 2 sudu kecil pewarna makanan pes merah
- 1 cawan badam kisar
- aising

ARAHAN:

a) Panaskan ketuhar hingga 350°. Buka gulungan lembaran pastri menjadi 9 inci. kuali tart bergalur dengan bahagian bawah boleh tanggal; memangkas walaupun dengan rim. Bekukan selama 10 minit.

b) Gariskan pastri dengan ketebalan dua kali ganda foil. Isi dengan pemberat pai, kacang kering, atau nasi yang belum dimasak. Bakar selama 12-15 minit atau sehingga bahagian tepi berwarna perang keemasan.

c) Keluarkan kerajang dan pemberat; sapu bahagian bawah kerak dengan putih telur. Bakar 6-8 minit lebih lama atau sehingga perang keemasan. Sejukkan pada rak dawai.

d) Sapukan jem di bahagian bawah kerak. Dalam mangkuk, krim mentega dan gula sehingga ringan dan gebu. Pukul telur, kuning telur, koko dan pewarna makanan secara beransur-ansur. Lipat badam kisar. Sapukan pada jem.

e) Bakar selama 30-35 minit atau sehingga inti ditetapkan. Sejukkan sepenuhnya pada rak dawai.

f) Dalam mangkuk kecil, campurkan gula kuih-muih, dan air dan ekstrak sehingga licin; gerimis atau paipkan ke atas tart. Sejukkan sisa makanan.

73.Souffles Baldu merah

BAHAN-BAHAN:
- 1 sudu besar mentega
- 3 sudu besar gula pasir
- Bar penaik coklat pahit 4 auns, dicincang
- 5 biji telur besar, dipisahkan
- ⅓ cawan gula pasir
- 3 sudu besar susu
- 1 sudu besar pewarna makanan cecair merah
- 1 sudu teh ekstrak vanila
- Secubit garam
- 2 sudu besar gula pasir
- Gula serbuk
- Krim Masam Sebat

ARAHAN:

a) Panaskan ketuhar hingga 350°.
b) Lumurkan bahagian bawah dan tepi ramekin dengan mentega.
c) Sapukan sedikit dengan 3 sudu besar gula, goncang lebihan. Letakkan di atas loyang.
d) Coklat gelombang mikro dalam mangkuk besar yang selamat untuk microwave pada HIGH selama 1 minit hingga 1 minit dan 15 saat atau sehingga cair, kacau pada selang 30 saat.
e) Kacau dalam 4 kuning telur, ⅓ cawan gula, dan 3 bahan seterusnya.
f) Pukul 5 putih telur dan garam pada kelajuan tinggi dengan pengadun kaki elektrik tugas berat sehingga berbuih.
g) Masukkan 2 sudu besar gula secara beransur-ansur, pukul sehingga membentuk puncak kaku.
h) Lipat adunan putih telur ke dalam adunan coklat, satu pertiga pada satu masa.
i) Sudukan ke dalam ramekin yang telah disediakan.
j) Jalankan hujung ibu jari anda di sekeliling tepi ramekin, lap bersih dan buat lekukan cetek di sekeliling tepi campuran.
k) Bakar pada suhu 350° selama 20 hingga 24 minit atau sehingga soufflé naik dan set.
l) Habuk dengan gula tepung; hidangkan segera bersama Whipped Sour Cream.

74. Biskut Cap Ibu Jari Baldu merah Diisi Coklat Putih

BAHAN-BAHAN:
- 1 1/4 cawan tepung serba guna
- 1/4 cawan serbuk koko tanpa gula
- 1/2 sudu teh serbuk penaik
- 1/4 sudu teh garam
- 1/2 cawan mentega tanpa garam, dilembutkan
- 2/3 cawan gula pasir
- 1 biji telur besar
- 1 sudu besar susu
- 1 sudu teh ekstrak vanila
- Pewarna makanan merah
- Coklat putih, dicairkan (untuk mengisi)

ARAHAN:
a) Panaskan ketuhar anda hingga 350°F (175°C). Lapik loyang dengan kertas parchment.
b) Dalam mangkuk sederhana, pukul bersama tepung, serbuk koko, serbuk penaik, dan garam. Mengetepikan.
c) Dalam mangkuk besar yang berasingan, pukul mentega dan gula sehingga ringan dan gebu. Masukkan telur, susu, ekstrak vanila, dan pewarna makanan merah. Gaul hingga sebati.
d) Masukkan sedikit demi sedikit bahan kering ke dalam bahan basah, gaul sehingga menjadi doh.
e) Bentukkan doh menjadi bebola 1 inci dan letakkan di atas loyang yang telah disediakan.
f) Buat lekukan di tengah setiap kuki menggunakan ibu jari atau belakang sudu teh.
g) Bakar selama 10-12 minit, atau sehingga set. Keluarkan dari ketuhar dan biarkan sejuk selama beberapa minit.
h) Isikan setiap lekukan dengan coklat putih cair.
i) Biarkan biskut sejuk sepenuhnya sebelum dihidangkan.

75.Kek Kopi Baldu merah

BAHAN-BAHAN:
- 2 cawan tepung serba guna
- 1 cawan gula pasir
- 1/2 cawan mentega tanpa garam, dilembutkan
- 1/2 cawan krim masam
- 2 biji telur
- 1/4 cawan serbuk koko
- 1 sudu kecil serbuk penaik
- 1/2 sudu teh baking soda
- 1/2 sudu teh garam
- 1/2 cawan susu (atau alternatif bukan tenusu)
- 1 sudu teh ekstrak vanila
- Pewarna makanan merah (mengikut keinginan)
- 1/2 cawan cip coklat (pilihan)

ARAHAN:
a) Panaskan ketuhar anda hingga 350°F (175°C). Minyakkan loyang.
b) Dalam mangkuk adunan besar, pukul bersama mentega lembut dan gula pasir sehingga ringan dan gebu.
c) Masukkan telur, satu demi satu, gaul rata selepas setiap penambahan.
d) Masukkan krim masam dan ekstrak vanila hingga sebati.
e) Dalam mangkuk yang berasingan, pukul bersama tepung, serbuk koko, serbuk penaik, soda penaik dan garam.
f) Masukkan bahan kering secara beransur-ansur ke dalam bahan basah, berselang seli dengan susu, dan gaul sehingga sebati.
g) Masukkan pewarna makanan merah sehingga warna yang dikehendaki dicapai, kacau rata.
h) Lipat dalam cip coklat, jika digunakan.
i) Tuangkan adunan ke dalam loyang yang telah disediakan, ratakan.
j) Bakar dalam ketuhar yang telah dipanaskan selama 35-40 minit atau sehingga pencungkil gigi yang dimasukkan ke dalam bahagian tengah keluar bersih.
k) Setelah masak, keluarkan dari oven dan biarkan sejuk sedikit sebelum dihidangkan. Nikmati Kek Kopi Baldu merah anda!

76.Baldu merah Kek keju Mousse

BAHAN-BAHAN:
- 6 auns Keju krim ala blok dilembutkan
- ½ cawan Krim Berat
- 2 sudu besar Sour Cream penuh lemak
- ⅓ cawan Pemanis Serbuk Karbohidrat Rendah
- 1 ½ sudu teh Ekstrak Vanila
- 1 ½ sudu teh Serbuk Koko
- 1 sudu teh Pewarna Makanan Merah Asli
- Whipped Heavy Cream yang dimaniskan dengan titisan stevia
- Cukur Bar Coklat Tanpa Gula

ARAHAN:
a) Pada mangkuk adunan besar dengan pengadun tangan elektrik atau pengadun berdiri, tambah keju krim lembut, krim kental, krim masam, pemanis serbuk dan ekstrak vanila.
b) Campurkan pada api rendah selama seminit, kemudian pada sederhana selama beberapa minit sehingga pekat, berkrim, dan digabungkan dengan teliti.
c) Masukkan serbuk koko dan gaul atas tinggi sehingga sebati, kikis bahagian tepi dengan pengikis getah untuk digaul sebati.
d) Masukkan warna makanan merah dan gaul sehingga sebati atau sekata puding.
e) Sudukan atau gunakan beg pastri untuk menyalurkan mousse ke dalam gelas atau mangkuk pencuci mulut kecil.
f) Hiaskan dengan sedikit krim putar tanpa gula dan sedikit coklat parut tanpa gula pilihan. Hidang
g) Whipped Heavy Cream yang dimaniskan dengan titisan stevia, serutan Bar Coklat Tanpa Gula

77. Baldu merah-Beri Cobbler

BAHAN-BAHAN:
- 1 sudu besar tepung jagung
- 1 ¼ cawan gula, dibahagikan
- 6 cawan pelbagai buah beri segar
- ½ cawan mentega dilembutkan
- 2 biji telur besar
- 2 sudu besar pewarna makanan cecair merah
- 1 sudu teh ekstrak vanila
- 1 ¼ cawan tepung serba guna
- 1 ½ sudu besar koko tanpa gula
- ¼ sudu teh garam
- ½ cawan buttermilk
- 1 ½ sudu teh cuka putih
- ½ sudu teh baking soda

ARAHAN:

a) Panaskan ketuhar hingga 350°. Kacau bersama tepung jagung dan ½ cawan gula.
b) Toskan buah beri dengan bancuhan tepung jagung, dan sudukan ke dalam loyang bersaiz 11 x 7 inci yang telah digris ringan.
c) Pukul mentega pada kelajuan sederhana dengan pengadun elektrik sehingga kembang; masukkan baki ¾ cawan gula secara beransur-ansur, pukul sebati.
d) Masukkan telur, 1 pada satu masa, pukul sehingga sebati selepas setiap penambahan.
e) Kacau dalam pewarna makanan merah dan vanila sehingga sebati.
f) Satukan tepung, koko dan garam. Kacau bersama mentega, cuka dan soda penaik dalam cawan penyukat cecair 2 cawan.
g) Masukkan bancuhan tepung ke dalam adunan mentega berselang-seli dengan adunan buttermilk, bermula dan diakhiri dengan adunan tepung.
h) Pukul pada kelajuan rendah sehingga sebati selepas setiap penambahan.
i) Sudukan adunan ke atas adunan beri.
j) Bakar pada suhu 350° selama 45 hingga 50 minit atau sehingga selekoh kayu yang dimasukkan di tengah topping kek keluar bersih. Sejukkan pada rak dawai selama 10 minit.

78. Kek Buah Baldu Merah

BAHAN-BAHAN:
- 200 gram Maida
- 220 gram Gula Serbuk
- 1 sudu besar serbuk koko
- 150 ml Minyak sayuran
- 250 ml mentega
- 1 sudu teh Serbuk Penaik
- ½ sudu teh Baking soda
- ¼ sudu teh Garam
- ½ sudu teh Cuka
- 1 sudu besar Esen Vanila
- ½ cawan Krim Berat

UNTUK HIASAN:
- Seni coklat
- Kiwi, dan Anggur
- Sayang
- Permata Manis

ARAHAN:
a) Dalam mangkuk masukkan semua bahan kering yang dinyatakan di atas dan tapiskan bersama untuk mengelakkan berketul.
b) Sekarang, masukkan buttermilk, minyak sayuran, esen vanila, dan pes bit dan gaul rata untuk membuat adunan yang licin.
c) Akhir sekali masukkan cuka dan gaul rata.
d) Ambil 1 tin kek bersaiz 6'inci dan lumurkan dengan acuan muffin dengan minyak dan taburkan menggunakan Maida,
e) tuangkan adunan sama rata ke dalamnya.
f) Panaskan ketuhar gelombang mikro pada suhu 180°C selama 10 minit. Bakar mereka dalam ketuhar gelombang mikro yang telah dipanaskan selama 20-25 minit atau sehingga masak bergantung pada setiap ketuhar gelombang mikro.
g) Pukul krim kental selama 3-4 minit dan biarkan ia membeku.
h) Potong kiwi dan anggur.
i) Selepas dibakar, biarkan ia sejuk dan nyah acuan.
j) Sapukan krim putar pada kedua-dua kek dan hiaskannya dengan permata, coklat, buah-buahan cincang, dan terakhir madu.

79. Biskut Baldu merah

BAHAN-BAHAN:
- 2 cawan tepung naik sendiri
- ½ sudu teh krim tartar
- ⅛ sudu teh garam
- 1 sudu besar serbuk koko tanpa gula
- 2 sudu besar gula pasir
- ¾ cawan mentega sejuk
- ½ cawan mentega tanpa garam sejuk dicincang
- ¼ cawan pemendekan sayuran berperisa mentega
- 1 sudu teh ekstrak vanila
- ½ auns pewarna makanan merah

ARAHAN:
a) Satukan tepung naik sendiri, garam, serbuk koko, gula, dan krim tartar, dalam mangkuk besar.
b) Ayak atau gaul bahan sehingga sebati.
c) Masukkan semua bahan kering ke dalam mangkuk pengadun berdiri.
d) Masukkan mentega, shortening, buttermilk, dan pewarna makanan.
e) Hidupkan pengadun berdiri, dan biarkan bahan sebati dengan kelajuan sederhana, sehingga ia menjadi doh merah.
f) Apabila doh telah terbentuk, ratakan di atas permukaan rata yang ditaburkan sedikit dengan menggunakan pin canai.
g) Potong biskut menggunakan penutup pengetinan, pemotong biskut atau pemotong biskut.
h) Letakkan biskut ke dalam loyang.
i) Bakar biskut pada 400 F, selama 12-15 minit.
j) Setelah selesai, sapu atau sapu mentega di atas biskut semasa ia masih suam.

80. Macarons Baldu merah

BAHAN-BAHAN:
- ½ cawan + 2 Sudu besar tepung badam halus, dicelur
- ½ cawan gula tepung
- 1 sudu teh serbuk koko tanpa gula
- 2 putih telur besar
- secubit krim tartar
- ¼ cawan + 1 sudu teh gula pasir
- pewarna makanan gel merah
- Pembekuan Keju Krim

ARAHAN:
a) Ayak tepung badam, gula tepung dan serbuk koko tanpa gula ke dalam mangkuk besar dan ketepikan.
b) Masukkan putih telur ke dalam mangkuk pengadun berdiri dengan pemukul dan gaul pada kelajuan sederhana sehingga permukaan putih telur dilitupi gelembung kecil.
c) Masukkan secubit krim tartar dan teruskan gaul sehingga anda mencapai tahap sdaripadat peak.
d) Seterusnya, masukkan gula pasir secara beransur-ansur dan gaul pada kelajuan sederhana selama 30 saat. Tingkatkan kelajuan adunan kepada kelajuan sederhana tinggi. Teruskan mengadun sehingga kaku, puncak berkilat terbentuk.
e) Masukkan pewarna makanan gel merah pada ketika ini. Ia akan bercampur semasa langkah seterusnya.
f) Masukkan bahan kering ke dalam meringue dan gaulkan bersama menggunakan gerakan membulat sehingga reben tebal adunan mengalir keluar dari spatula secara berterusan apabila diangkat.
g) Tuangkan adunan ke dalam beg paip besar yang dilengkapi dengan hujung paip bulat bersaiz sederhana dan paipkan bulatan 1 ¼ inci pada lembaran pembakar yang disediakan, jarakkannya kira-kira 1 inci dari satu sama lain.
h) Hentakkan kuali dengan kuat di atas kaunter beberapa kali untuk mengeluarkan gelembung udara, kemudian letuskan sebarang gelembung udara yang tinggal yang muncul ke permukaan dengan pencungkil gigi atau pencungkil.

i) Biarkan macaron berehat selama 30 minit, atau sehingga ia membentuk kulit.
j) Semasa macaron berehat, panaskan ketuhar kepada 315 F / 157 C.
k) Bakar satu dulang macaron pada satu masa di atas rak tengah ketuhar anda selama 15-18 minit dan putar kuali separuh.
l) Keluarkan dari ketuhar dan biarkan macaron sejuk di atas kuali, selama kira-kira 15 minit, kemudian perlahan-lahan keluarkannya dari tikar silpat.
m) Pasangkan kerang kemudian paipkan sebiji krim keju frosting satu cengkerang macaron. Tekan perlahan cangkerang kedua di atas pembekuan untuk membuat sandwic.
n) Jika mahu, taburkan sedikit coklat putih dan hancurkan dua kulit macaron untuk dijadikan hiasan.
o) Letakkan macaron yang telah siap dalam bekas kedap udara dan sejukkan di dalam peti sejuk semalaman, kemudian biarkan ia suam pada suhu bilik dan nikmatilah!

81. Peppermint Éclairs

BAHAN-BAHAN:
UNTUK PATE A CHUX:
- ½ cawan mentega tanpa garam
- 1 cawan air
- ¼ sudu teh garam
- 1 cawan tepung serba guna
- 4 biji telur besar

UNTUK ISI PEPPERMINT:
- ½ cawan mentega tanpa garam, dilembutkan
- 4 auns krim keju, dilembutkan
- ½ cawan susu pekat manis
- 1 ½ cawan krim pekat, sejuk
- 1 cawan gula gula (pilihan)
- 1 sudu teh vanila
- ¼ sudu teh minyak pudina

UNTUK HIASAN:
- 1 ½ cawan coklat putih cair
- ½ cawan gula-gula ditumbuk
- Pewarna makanan merah (pilihan)

ARAHAN:
UNTUK PATE A CHUX:
a) Panaskan ketuhar kepada 425F/218C dan alaskan loyang dengan kertas parchment.
b) Dalam periuk, cairkan mentega, tambah air dan garam, dan biarkan mendidih.
c) Masukkan tepung, dan pukul sehingga menjadi bebola doh. Biarkan ia sejuk selama 20 minit.
d) Masukkan telur secara beransur-ansur, satu demi satu, kacau rata selepas setiap penambahan.
e) Pindahkan doh ke dalam beg pastri dan paipkan eklair 4 hingga 6 inci ke atas loyang.
f) Bakar pada suhu 425F/218C selama 10 minit, kemudian kecilkan api kepada 375F/190C dan bakar selama 40-45 minit sehingga kekuningan. Jangan buka pintu ketuhar.

UNTUK PENGISIAN:
g) Putar mentega lembut dan keju krim sehingga rata.
h) Masukkan susu pekat manis, dan gaul hingga berkrim.
i) Masukkan krim kental sejuk, vanila, dan minyak pudina. Gaul sehingga stiff peak terbentuk.

MEMASANGKAN ÉCLAIRS:
j) Sejukkan eklair sepenuhnya dan buat lubang untuk mengisi.
k) Pindahkan inti ke dalam beg pastri dengan hujung inti dan isi eklair sehingga krim keluar di hujungnya.
l) Untuk hiasan, celupkan eclairs ke dalam coklat putih cair, kemudian taburkan gula-gula yang dihancurkan.
m) Secara pilihan, tempah 1 cawan krim putar, tambah pewarna makanan merah dan paip di atas eklair biasa. Hiaskan dengan tongkat gula-gula yang dihancurkan.
n) Simpan dalam peti sejuk jika tidak dimakan dalam masa beberapa jam. Terbaik dinikmati dalam masa 2-3 hari.

82.Pai Chiffon Jambu Batu

BAHAN-BAHAN:
KELEPUHAN PASTRI BERLUPA:
- 1 cawan Tepung
- ¼ sudu teh Garam
- ¼ cawan Shortening
- ¼ cawan Mentega (sejuk)
- Air sejuk (mengikut keperluan)

PENGISIAN:
- 1 Sampul surat agar-agar tidak berperisa
- 1 sudu besar jus lemon
- 4 biji telur; terpisah
- 1 cawan jus jambu batu
- ¾ cawan Gula
- Beberapa titis warna makanan merah
- ⅛ sudu teh Krim tartar

TOPPING:
- Krim putar manis
- hirisan jambu batu

ARAHAN:

KELEPUHAN PASTRI BERLUPA:
a) Satukan tepung dan garam. Potong dalam shortening dan mentega sehingga ketulan sebesar kacang.
b) Masukkan air dan kacau sehingga adunan lembab. Tekan menjadi bola dan sejukkan selama 45 minit.
c) Canai di atas papan yang ditaburkan dengan tepung terigu atau penggelek yang bersalut stokinette. Berhati-hati memindahkan pastri ke dalam pinggan pai 9 inci. Pierce selesai dengan garpu.
d) Bakar pada suhu 400°F selama 15 minit. Sejuk.

PENGISIAN:
e) Lembutkan gelatin dalam jus lemon dan ketepikan.
f) Dalam periuk, satukan kuning telur, jus jambu batu, dan ½ cawan gula. Tambah beberapa titis warna makanan merah.
g) Masak dan kacau dengan api sederhana sehingga adunan pekat.
h) Masukkan adunan gelatin dan kacau hingga cair. Sejukkan adunan sehingga mencapai konsistensi putih telur yang tidak dipukul.
i) Pukul putih telur dan krim tartar bersama-sama sehingga membentuk puncak lembut. Masukkan ¼ cawan gula secara beransur-ansur dan pukul sehingga membentuk puncak kaku.
j) Masukkan adunan gelatin dan tuangkan ke dalam kulit pastri yang telah dibakar. Sejuk.

TOPPING:
k) Teratas dengan krim putar manis.
l) Hiaskan dengan hirisan jambu batu.
m) Nikmati Guava Chiffon Pie anda yang menyegarkan!

83.Kek Baldu merah Bundt

BAHAN-BAHAN:
- 1 ¼ cawan minyak sayuran
- 1 cawan buttermilk
- 2 biji telur
- 2 sudu besar pewarna makanan merah
- 1 sudu teh cuka sari apel
- 1 sudu teh ekstrak vanila
- 2 ½ cawan tepung biasa
- 1 ¾ cawan gula kastor
- 1 sudu teh baking soda
- Sedikit garam
- 1 ½ sudu besar serbuk koko

KRIM CHEESE SAYU:
- 225 g (8 auns) krim keju, suhu bilik
- 5 sudu besar mentega tanpa garam
- 2 ½ cawan gula aising
- 1 sudu teh ekstrak vanila

ARAHAN:
a) Panaskan ketuhar kepada 180 darjah C. Gris dan tepung bundt pan.
b) Dalam pengadun berdiri atau dengan pengadun elektrik, satukan minyak, susu mentega, telur, pewarna makanan, cuka dan vanila. Gaul sebati.
c) Dalam mangkuk yang berasingan, ayak bersama bahan kering. Masukkan sedikit demi sedikit bahan basah, pukul hingga rata.
d) Tuangkan adunan ke dalam loyang yang telah disediakan. Bakar selama 50 minit atau sehingga pencungkil gigi keluar bersih.
e) Keluarkan dari ketuhar dan biarkan selama 10 minit. Longgarkan bahagian tepi secara perlahan dan putar ke rak dawai untuk menyejukkan sepenuhnya.
f) Setelah sejuk, sudukan sayu krim keju di bahagian atas.

UNTUK MEMBUAT KRIM CHEESE SAYU:
g) Satukan mentega dan keju krim dalam pengadun berdiri atau dengan pengadun elektrik.
h) Masukkan gula dan vanila secara beransur-ansur pada kelajuan rendah untuk menggabungkan, kemudian pukul pada kelajuan tinggi selama tiga minit.

84.Pai Kotak Ais Baldu Merah

BAHAN-BAHAN:
- 2 cawan biskut wafer coklat dihancurkan atau keropok coklat graham
- ½ cawan mentega cair
- ¼ cawan gula pasir
- Pakej 12.2 auns biskut Baldu merah Oreo
- 8 auns keju krim, dilembutkan
- Kotak 3.4 auns campuran puding kek keju segera
- 2 cawan susu penuh atau separuh & separuh
- 8 auns topping putar beku

ARAHAN:

a) Panaskan ketuhar hingga 375°F. Semburkan sedikit pinggan pai hidangan dalam 9 inci dengan semburan masak.

b) Dalam mangkuk kecil, campurkan serbuk biskut, mentega, dan gula. Gaul rata, kemudian tekan pada bahagian bawah dan tepi pinggan pai. Bakar selama 15 minit atau sehingga set. Sejukkan sepenuhnya.

c) Simpan 5 keping biskut keseluruhan untuk hiasan dan letakkan selebihnya ke dalam beg plastik yang boleh ditutup semula.

d) Hancurkan biskut. Mengetepikan.

e) Dalam mangkuk adunan saiz sederhana gunakan pengadun untuk krim bersama keju krim, adunan puding dan susu. Pukul selama 2-3 minit atau sehingga berkrim, gebu dan licin.

f) Lipat topping putar dan biskut hancur ke dalam inti dengan tangan. Sebarkan ke dalam kerak yang telah disejukkan.

g) Hiaskan bahagian atas dengan baki topping yang disebat dan keseluruhan biskut seperti yang dikehendaki.

h) Sejukkan sekurang-kurangnya 4 jam sebelum dihidangkan.

85.Kek Ceri Kek keju Dengan Kaca Cermin Merah

BAHAN-BAHAN:

UNTUK KEK KEJU:
- 150g ceri, diadu, ditambah satu ceri keseluruhan tambahan untuk hiasan
- Jus ½ lemon
- 150g gula kastor
- 300g coklat putih, dipecah menjadi kepingan
- 600g keju krim Philadelphia, pada suhu bilik
- 300ml krim berganda, pada suhu bilik
- 1 sudu teh ekstrak vanila

UNTUK ASAS:
- 75g mentega tanpa garam, cair, ditambah tambahan untuk pelinciran
- 175g biskut penghadaman

UNTUK SAYU:
- 4 helai gelatin gred platinum (Dr. Oetker)
- 225g gula halus
- 175ml krim berganda
- 100g coklat putih, dicincang halus
- 1 sudu kecil gel pewarna makanan merah

ARAHAN:

MENYEDIAKAN KEK KEJU:

a) Minyakkan sedikit bahagian bawah dan tepi loyang bentuk spring 20cm. Buka ikat tapak dan letakkan bulatan kertas pembakar selebar 30cm di atasnya.

b) Pasang semula alas yang berlapik ke dalam tin, memastikan lebihan kertas tergantung di bawahnya untuk memudahkan penyajian. Lapik bahagian tepi dengan jalur kertas pembakar.

c) Dalam pemproses makanan, satukan ceri, jus lemon, dan 75g gula kastor.

d) Kisar sehingga agak rata. Pindahkan adunan ke dalam periuk sederhana, biarkan mendidih, kemudian kecilkan api dan reneh selama 4-5 minit sehingga pekat dan sirap. Biarkan ia sejuk sepenuhnya.

MENCIPTA ASAS:

e) Hancurkan biskut penghadaman dalam mangkuk bersih pemproses makanan sehingga ia menyerupai serbuk roti halus. Pindahkan ke dalam mangkuk adunan dan campurkan dengan mentega cair.

f) Tekan adunan ke dalam loyang yang disediakan untuk menghasilkan asas yang kukuh dan sekata. Sejukkan sekurang-kurangnya 20 minit.

MENYEDIAKAN PENGISIAN KEK KEJU:

g) Cairkan coklat putih dalam mangkuk tahan panas di atas air yang mendidih. Ketepikan sejuk pada suhu bilik sementara masih boleh dituang.

h) Dalam mangkuk adunan besar, pukul keju krim sehingga rata. Masukkan krim, baki gula kastor, dan ekstrak vanila. Pukul hingga pekat sedikit. Masukkan coklat putih yang telah disejukkan.

i) Tuang separuh daripada adunan krim keju ke atas dasar sejuk. Sendukkan jem ceri di atasnya dan pusingkan ke dalam inti dengan lidi. Tuangkan baki campuran keju krim ke atas jem, pastikan bahagian atasnya licin. Ketuk loyang untuk mengeluarkan gelembung udara dan sejukkan sekurang-kurangnya 4 jam sehingga ditetapkan.

MEMBUAT CERMIN SAYU:

j) Rendam daun gelatin dalam semangkuk air sejuk selama beberapa minit.

k) Dalam periuk, satukan gula dan 120ml air yang baru dimasak. Panaskan dengan api perlahan, kacau sehingga gula larut. Didihkan dan reneh selama 2 minit. Masukkan krim dan reneh selama 2 minit lagi. Keluarkan dari haba, perah lebihan air dari daun gelatin yang direndam, dan masukkannya ke dalam krim, kacau sehingga larut.

l) Biarkan campuran krim sejuk selama 4-5 minit. Masukkan coklat putih. Masukkan gel pewarna makanan merah dan gaul sehingga sebati.

m) Tapis sayu melalui ayak ke dalam mangkuk besar. Biarkan ia sejuk selama 15-20 minit sehingga pada suhu bilik, kacau sekali-sekala untuk mengelakkan pembentukan kulit. Sayu harus mempunyai konsistensi seperti krim berganda.

MENGGULAKAN KEK KEJU:

n) Keluarkan kek keju dari loyang dengan berhati-hati, kupas kertas pembakar, dan letakkan di atas rak dawai dengan dulang di bawahnya. Jalankan pisau palet panas di atas permukaan untuk melicinkannya, kemudian tuangkan dua pertiga daripada sayu yang disejukkan ke atasnya untuk menutup sepenuhnya. Sejukkan selama 10 minit untuk ditetapkan.

o) Jika perlu, panaskan sayu yang tinggal dan tapis lagi sebelum menyapu lapisan kedua pada kek keju. Teratas dengan ceri dan sejukkan selama 5-10 minit sehingga set. Hidangkan terus dari rak atau pindahkan ke pinggan menggunakan pisau palet atau pengangkat kek. Nikmati!

86.Kek Bit Baldu merah

BAHAN-BAHAN:
- 1 cawan minyak Crisco
- ½ cawan mentega, cair
- 3 biji telur
- 2 cawan gula
- 2½ cawan tepung
- 2 sudu teh kayu manis
- 2 sudu teh baking soda
- 1 sudu teh garam
- 2 sudu teh vanila
- 1 cawan bit Harvard
- ½ cawan keju kotej berkrim
- 1 cawan nanas hancur, toskan
- 1 cawan kacang cincang
- ½ cawan kelapa

ARAHAN:
a) Campurkan minyak, mentega, telur, dan gula.
b) Masukkan tepung, kayu manis, soda, dan garam.
c) Lipat dalam vanila, bit, keju kotej, nanas, kacang, dan kelapa.
d) Tuangkan ke dalam loyang 9x13 inci.
e) Bakar pada suhu 350 selama 40-45 minit. Hidangkan bersama krim putar.

87. Beet Gratin

BAHAN-BAHAN:
- 4 cawan Bit dihiris (kedua-dua merah dan kuning), dihiris ½ inci Tebal
- 1 cawan bawang besar dihiris nipis
- 2 cawan serbuk roti perasa
- 3 sudu besar Mentega
- Minyak zaitun, untuk gerimis
- Keju Parmesan, untuk Taburan
- Perasa Creole, untuk Percikan
- Garam dan lada putih

ARAHAN:

a) Panaskan ketuhar hingga 375 darjah F. Dalam gratin yang disapu mentega atau hidangan pembakar berat, bit lapisan, bawang, dan separuh daripada serbuk roti dihias setiap lapisan dengan mentega dan perasa setiap lapisan dengan minyak zaitun, keju Parmesan, perasa Creole dan garam dan lada sulah, untuk rasa.

b) Selesai dengan lapisan serbuk roti di atas. Bakar, ditutup, selama 45 minit. Buka tutup dan teruskan membakar selama 15 minit lagi, atau sehingga bahagian atas berwarna perang dan berbuih. Hidangkan terus dari hidangan.

88.Souffle Hijau Bit

BAHAN-BAHAN:
- 3 sudu besar keju Parmesan; parut
- 2 sederhana Bit; dimasak dan dikupas
- 2 sudu besar Mentega
- 2 sudu besar Tepung
- ¾ cawan sup ayam; panas
- 1 cawan sayur-sayuran bit; tumis
- ½ cawan keju Cheddar; parut
- 3 kuning telur
- 4 putih telur

ARAHAN:
a) Mentega 1 qt. hidangan souffle; taburkan dengan keju Parmesan. Potong bit yang dimasak dan lapik bahagian bawah hidangan souffle dengannya.
b) Dalam periuk kecil, cairkan mentega, kacau tepung, masukkan air rebusan panas dan teruskan masak sehingga sedikit pekat, kemudian pindahkan ke mangkuk yang lebih besar. Cincang kasar sayur bit dan masukkan ke dalam sos bersama keju Cheddar.
c) Dalam mangkuk yang berasingan, pukul kuning telur; campurkan mereka dengan campuran hijau bit. Pukul putih telur sehingga ia membentuk puncak. Lipat ke dalam mangkuk dengan bahan-bahan lain; gaul sebati. Pindahkan kesemuanya ke dalam hidangan souffle yang disapu mentega. Taburkan dengan keju Parmesan.
d) Bakar pada 350 F. selama 30 minit, atau sehingga souffle kembang dan keemasan.

89. Baldu merah Beet Mousse

BAHAN-BAHAN:
- 3 sederhana Bit; Dimasak pada kulit mereka
- 2½ cawan air rebusan ayam
- 2 pek gelatin tanpa rasa
- 1 cawan yogurt tanpa perisa
- 2 sudu besar jus lemon atau limau nipis
- 1 biji bawang besar parut
- 1 sudu besar Gula
- 1 sudu besar Mustard
- Garam dan lada; untuk rasa

ARAHAN:

a) Kupas dan bit masak kiub.

b) Letakkan gelatin dalam mangkuk dengan air 6 T, dan kacau. Biarkan selama 2 minit dan tuangkan stok ayam panas sambil dikacau.

c) Proses bersama semua bahan kecuali gelatin. Perasa yang betul.

d) Masukkan gelatin yang telah disejukkan dan proses hanya untuk sebati.

e) Tuang ke dalam acuan yang telah disapu minyak untuk set 6. Buka acuan dan hidangkan di tengah pinggan yang dikelilingi dengan salad kari ayam atau salad udang.

90. Roti Kacang Bit

BAHAN-BAHAN:
- ¾ cawan memendekkan
- 1 cawan Gula
- 4 biji telur
- 2 sudu teh Vanila
- 2 cawan bit cincang
- 3 cawan Tepung
- 2 sudu teh serbuk penaik
- 1 sudu teh Baking soda
- ½ sudu teh Kayu Manis
- ¼ sudu teh Pala dikisar
- 1 cawan kacang cincang

ARAHAN:
a) Pukul shortening dan gula sehingga ringan dan kembang. Campurkan telur dan vanila. Kacau dalam bit.
b) Tambah bahan kering gabungan; gaul sebati. Kacau dalam kacang.
c) Tuang ke dalam loyang 9x5" yang telah digris dan ditabur tepung.
d) Bakar pada suhu 350'F. selama 60-70 minit atau sehingga pencungkil gigi kayu yang dimasukkan di tengah keluar bersih.
e) Sejukkan selama 10 minit; keluarkan dari kuali.

91. Baldu merah Coklat Raspberi Éclairs

BAHAN-BAHAN:
PASTRY CHOUX:
- 1 cawan air
- ½ cawan mentega tanpa garam
- 1 cawan tepung serba guna
- 1 sudu besar serbuk koko
- ¼ sudu teh garam
- 4 biji telur besar

KRIM PASTRI COKLAT BUDUL MERAH:
- 500 ml susu
- 120 g gula
- 50 g tepung biasa
- 60 g serbuk koko
- 120 g kuning telur (anggaran 6 biji telur)
- Pewarna makanan merah

COKLAT RASPBERI GANACHE:
- 200 ml krim berat
- 200 g coklat gelap
- Ekstrak raspberi atau puri

ARAHAN:
PASTRY CHOUX:
a) Panaskan ketuhar anda pada suhu 200°C (kipas 180°C) dan alaskan dulang pembakar dengan kertas minyak.
b) Dalam periuk, satukan air, mentega, serbuk koko, dan garam. Didihkan dengan api sederhana.
c) Masukkan tepung sekaligus, kacau kuat-kuat sehingga menjadi doh yang licin. Teruskan masak, kacau, selama 1-2 minit tambahan.
d) Pindahkan doh ke dalam mangkuk adunan dan biarkan ia sejuk sedikit.
e) Masukkan telur satu persatu, pukul rata selepas setiap penambahan, sehingga doh licin dan berkilat.
f) Pindahkan pastri choux ke dalam piping bag dan paipkannya ke dalam bentuk éclair pada dulang yang disediakan.
g) Bakar hingga kekuningan dan kembang. Biarkan sejuk.

KRIM PASTRI COKLAT BUDUL MERAH:
h) Panaskan susu dalam periuk sehingga suam tetapi tidak mendidih.
i) Dalam mangkuk, pukul bersama gula, tepung, dan serbuk koko.
j) Masukkan bahan kering secara beransur-ansur ke dalam susu suam, kacau berterusan untuk mengelakkan ketulan.
k) Dalam mangkuk yang berasingan, pukul kuning telur. Masukkan senduk campuran susu panas secara beransur-ansur ke dalam kuning telur, kacau berterusan.
l) Tuang semula adunan kuning telur ke dalam periuk dan teruskan memasak sehingga krim pastri pekat.
m) Keluarkan dari api, masukkan pewarna makanan merah sehingga warna yang dikehendaki dicapai, dan biarkan ia sejuk.

COKLAT RASPBERI GANACHE:
n) Panaskan krim kental dalam periuk sehingga ia mula mendidih.
o) Tuangkan krim panas ke atas coklat gelap. Biarkan seketika, kemudian kacau hingga rata.
p) Tambah ekstrak raspberi atau puri ke ganache coklat untuk menyemai rasa raspberi.

PERHIMPUNAN:
q) Potong éclairs yang disejukkan separuh secara mendatar.
r) Isi beg paip dengan krim pastri coklat baldu merah dan paipkannya ke bahagian bawah setiap éclair.
s) Celupkan bahagian atas setiap éclair ke dalam coklat raspberi ganache, biarkan lebihan menitis.
t) Letakkan éclairs yang dicelup coklat pada rak dawai untuk membiarkan ganache set.
u) Secara pilihan, taburkan ganache tambahan di atas untuk kemerosotan tambahan.

92.Macarons Raspberi Rose Lychee

BAHAN-BAHAN:
UNTUK KERANG MACARON:
- 1 putih telur suhu bilik (39-40g)
- 50g gula aising
- 30g badam kisar
- 30g gula halus
- ¼ sudu teh pewarna makanan merah jambu atau merah

UNTUK ISI RASPBERI LACI ROSE:
- 80g coklat putih
- 4 biji laici dalam tin
- ¼ sudu teh air mawar
- ½ sudu teh sirap laici dari tin
- 6-8 buah raspberi beku/segar (potong dua)

ARAHAN:

UNTUK KERANG MACARON:

a) Masukkan badam kisar, pewarna makanan dan gula aising dalam pemproses makanan atau pengisar kecil. Kisar halus.

b) Ayak adunan yang telah dikisar tadi dan ketepikan.

c) Dengan pemukul elektrik, pukul putih telur, bermula dari kelajuan rendah dan secara beransur-ansur meningkatkannya ke kelajuan maksimum. Pukul sehingga berbuih (anda akan nampak banyak buih halus).

d) Kini tiba masanya untuk menambah gula kastor. Masukkan separuh gula, teruskan pukul pada kelajuan maksimum selama kira-kira 2 minit, kemudian masukkan separuh lagi dan teruskan sehingga anda mendapat puncak yang sangat kaku.

e) Campurkan bahan kering ke dalam putih telur. Proses ini dipanggil Macaronage. Mula lipat dengan spatula getah. Teruskan mengadun sehingga anda memperoleh adunan aliran lava yang licin.

f) Apabila anda mendapat adunan licin berkilat, hentikan lipatan. Angkat adunan dengan spatula, dan jika adunan jatuh semula perlahan-lahan ke dalam mangkuk, ini bermakna anda boleh pergi. Anda juga boleh menyemak sama ada garisan yang terbentuk daripada campuran yang diangkat perlahan-lahan hilang dalam masa 30 saat. Pada peringkat ini, anda boleh pergi. Jangan lipat terlalu banyak, kerana ia akan menjadi terlalu cair dan sangat sukar untuk disalurkan.

g) Paipkan macaron ke atas loyang di atas dulang pembakar. Pukul bahagian bawah dulang pembakar dengan tangan anda untuk ratakan sedikit macaron.

h) Biarkan macaron anda duduk selama kira-kira 30 minit. Ini bergantung pada kelembapan di rumah anda dan hari itu. Cuba sentuh macaron dengan lembut; selepas 30 minit, ia tidak boleh melekat pada tangan anda.

i) Panaskan ketuhar anda hingga 150°C dengan pemanasan di bahagian atas sahaja. Apabila ketuhar sudah siap, letakkan macaron anda di rak paling bawah. Bakar selama 12 minit, periksa mereka pada tanda 6 minit. Kaki sepatutnya sudah mula terbentuk. Pusingkan dulang pembakar ke arah yang bertentangan untuk membolehkan pembakar sekata. Apabila 6 minit tamat, tukar tetapan pemanasan ketuhar anda ke bahagian bawah sahaja.

j) Bakar selama 6 minit lagi. Anda boleh menguji sama ada macaron telah masak dengan menyentuh lembut pada kulit, dan apabila macaron tidak meluncur di kaki, ia telah masak. Jika tidak, tambah 1 minit lagi setiap kali dan semak.

k) Biarkan macaron sejuk sebelum dikeluarkan. Anda boleh basahkan kawasan kerja anda dan luncurkan lembaran pembakar di atasnya untuk mempercepatkan proses penyejukan tetapi jangan biarkan ia terlalu lama, atau macaron akan menjadi basah. Jika tidak, anda boleh membiarkannya sejuk pada suhu bilik dan mengeluarkannya.

UNTUK ISI RASPBERI LACI ROSE:

l) Potong 4 biji laici dalam tin menjadi kepingan kecil dan perah jus maksimum melalui penapis. Mengetepikan. (Terlalu banyak cecair akan menghasilkan sejenis cecair ganache, dan ia boleh melembutkan dan membasahi kulit macaron).

m) Dalam periuk kecil, dengan api perlahan, masukkan laici yang dicincang dan masak selama 1-2 minit.

n) Masukkan air mawar dan sirap laici. Biarkan ia hangat sedikit.

o) Keluarkan dari haba. Akhir sekali, masukkan coklat putih dan kacau sehingga semua coklat cair dan sebati.

p) Isi kulit macaron dengan ganache, atas dengan separuh raspberi, kemudian tutup dengan kulit macaron yang lain.

q) Selepas selesai paip semua macaron, letakkan dalam bekas kedap udara. Biarkan mereka di dalam peti sejuk semalaman. Anda boleh menyimpan macaron sehingga 48 jam di dalam peti sejuk. Jika tidak dimakan, bekukan. Selepas 48 jam, mereka mungkin kehilangan teksturnya.

r) Keluarkan dari peti ais 20 minit sebelum makan. Nikmati!

93.Kek Brunch Rhubarb Ribbon

BAHAN-BAHAN:
- ¾ cawan gula
- 3 sudu besar tepung jagung
- ¼ sudu teh kayu manis tanah
- ⅛ sudu teh buah pala yang dikisar
- ⅓ cawan air sejuk
- 2½ cawan dihiris rhubarb segar atau beku
- 3 hingga 4 titik pewarna makanan merah, pilihan

BATTER:
- 2¼ cawan tepung serba guna
- ¾ cawan gula
- ¾ cawan mentega sejuk, potong dadu
- ½ sudu teh serbuk penaik
- ½ sudu teh baking soda
- ½ sudu teh garam
- 1 biji telur besar, dipukul sedikit
- ¾ cawan (6 auns) yogurt vanila
- 1 sudu teh ekstrak vanila

TOPPING:
- 1 biji telur besar, dipukul sedikit
- 8 auns keju Mascarpone
- ¼ cawan gula
- ½ cawan pecan cincang
- ¼ cawan kelapa parut manis

ARAHAN:

a) Campurkan air, tepung jagung, kayu manis, buah pala, dan gula dalam periuk besar sehingga rata. Masukkan rhubarb ke dalam adunan. Panaskan sehingga mendidih; masak dan kacau hingga pekat, lebih kurang 2 minit. Tambah pewarna makanan jika mahu. Ketepikan.

b) Campurkan tepung dan gula dalam mangkuk besar; potong mentega ke dalam adunan sehingga ia mempunyai tekstur serbuk kasar. Simpan 1 cawan untuk membuat topping. Masukkan garam, soda penaik, dan serbuk penaik ke baki adunan serbuk. Campurkan telur, yogurt, dan vanila dalam mangkuk kecil; kacau mereka ke dalam adunan sehingga rata. Sebarkan ke dalam 9-in. loyang springform yang digris.

c) Campurkan gula, keju Mascarpone, dan telur; sudukan adunan di atas adunan. Masukkan campuran rhubarb di atas. Masukkan pecan dan kelapa ke dalam campuran serbuk yang disimpan; taburkan di atas.

d) Bakar sehingga diuji dengan pencungkil gigi, pada suhu 350 ° selama kira-kira 60-65 minit. Biarkan ia sejuk di atas rak dawai selama 20 minit; keluarkan bahagian tepi kuali. Biarkan ia sejuk dengan teliti.

94. Kek Keju Raspberi Truffle

BAHAN-BAHAN:
- 2 Sudu Besar Krim Berat
- 8 Auns Keju Krim, Dilembutkan
- ½ Cawan Serbuk Swerve
- Secubit Garam Laut
- 1 Sudu Teh Vanila Stevia
- 1 ½ Sudu Teh Ekstrak Raspberi
- 2-3 Titisan Pewarna Makanan Merah Asli
- ¼ Cawan Minyak Kelapa, Dicairkan
- 1 ½ Cawan Coklat Cip, Tanpa Gula

ARAHAN:
a) Untuk memulakan, gunakan pengadun untuk menggabungkan swerve dan keju krim anda dengan teliti sehingga berkrim.
b) Satukan krim, ekstrak raspberi, stevia, garam dan pewarna makanan dalam mangkuk adunan yang besar.
c) Yakinkan bahawa segala-galanya digabungkan dengan baik.
d) Masukkan minyak kelapa anda dan gaul sehingga semuanya sebati.
e) Jangan lupa untuk mengikis bahagian tepi mangkuk anda sekerap yang anda perlu selesaikan. Biarkan ia duduk di dalam peti sejuk selama satu jam. Tuangkan adunan ke dalam senduk biskut yang berdiameter kira-kira ¼ inci, dan kemudian ke atas loyang yang telah disediakan dengan kertas minyak.
f) Bekukan campuran ini selama sejam, dan kemudian salutkannya dengan coklat cair anda untuk menyelesaikannya! Ia perlu diletakkan di dalam peti sejuk selama satu jam lagi untuk mengeras sebelum dihidangkan.

95. Kek Keju Tampal Labu

BAHAN-BAHAN:
- 16 auns biskut sandwic berisi krim oren
- 4 sudu besar mentega, cair
- Tiga bungkusan 8-auns krim keju dilembutkan
- 1¼ cawan gula, dibahagikan
- 4 biji telur
- 2 sudu teh ekstrak vanila, dibahagikan
- Bekas krim masam 16 auns
- 5 titis warna makanan merah
- 10 titis warna makanan kuning

ARAHAN:

a) Panaskan ketuhar hingga 350 darjah F. Letakkan 23 kuki dalam beg plastik yang boleh ditutup semula. Menggunakan pin gulunging, hancurkan biskut kemudian letakkan serbuk dalam mangkuk sederhana dengan mentega; gaul rata kemudian sapukan adunan ke bahagian bawah loyang springform 10 inci. Sejukkan sehingga sedia untuk diisi.

b) Dalam mangkuk besar, dengan pemukul elektrik pada kelajuan sederhana, pukul keju krim dan 1 cawan gula sehingga berkrim. Masukkan telur satu persatu, pukul sebati selepas setiap penambahan, kemudian masukkan 1 sudu teh vanila dan gaul rata.

c) Ketepikan 2 biskut untuk hiasan kemudian pecahkan baki 8 biskut. Kacau kepingan biskut ke dalam adunan keju krim kemudian tuangkan ke dalam kerak.

d) Bakar selama 55 hingga 60 minit, atau sehingga pejal. Keluarkan dari ketuhar dan biarkan sejuk selama 5 minit.

e) Sementara itu, dalam mangkuk sederhana, menggunakan sudu, kacau bersama krim masam, baki gula dan vanila, dan warna makanan sehingga sebati. Sapukan campuran krim masam dengan berhati-hati di atas kek keju kemudian bakar selama 5 minit lagi.

f) Biarkan sejuk kemudian sejukkan semalaman atau sekurang-kurangnya 8 jam. Hiaskan muka labu dengan 2 biskut yang dikhaskan.

g) Hidangkan segera, atau tutup sehingga sedia untuk dihidangkan.

96. Kek Cawan Gula-gula Kaca Cermin Merah

BAHAN-BAHAN:
CUPKEKS:
- 1 ¼ cawan tepung serba guna
- ¾ cawan gula halus halus
- 1 ½ sudu teh serbuk penaik
- ½ sudu teh garam halus
- ¼ cawan mentega tanpa garam, dilembutkan
- 1 biji telur besar
- ¾ cawan susu penuh
- ¼ cawan minyak sayuran
- 1 sudu besar yogurt Yunani atau krim masam
- ½ sudu teh ekstrak vanila atau pes kacang vanila
- 1 sudu teh kayu manis
- Sos karamel masin untuk gerimis
- Daun pudina untuk hiasan

EPAL REBUS:
- 5 biji epal hijau, kupas dan potong dadu
- 2 sudu besar gula merah
- 1 sudu teh jus lemon

CARAMEL MOUSSE:
- 250 g coklat putih, dicincang halus
- ⅓ cawan krim
- Secubit garam
- 3 sudu teh gelatin serbuk tanpa rasa
- 2 sudu besar air
- 2 sudu teh ekstrak vanila
- 3 sudu besar dulce de leche

SAYU CERMIN MERAH:
- 200 gram susu pekat manis
- 300 gram gula pasir
- 150 gram air
- 350 gram cip coklat putih
- 19 gram gelatin + ½ cawan air untuk kembang
- 4-6 titik gel makanan merah

ARAHAN:

CARAMEL MOUSSE:

a) Dalam mangkuk selamat gelombang mikro, satukan coklat putih, ⅓ cawan krim dan garam. Ketuhar gelombang mikro dalam kenaikan 30 saat, kacau setiap 30 saat, sehingga coklat cair dan adunan sebati.

b) Tuangkan adunan ke dalam mangkuk besar dan biarkan ia sejuk pada suhu bilik, kacau sekali-sekala.

c) Sementara itu, sediakan gelatin dengan mencampurkan gelatin dan air sejuk dalam mangkuk kecil. Biarkan ia menyerap air dan kemudian gelombang mikro selama 15 saat untuk mencairkannya. Pukul gelatin cair ke dalam adunan coklat.

d) Pukul baki 1 cawan krim berat hingga ke puncak lembut. Masukkan dulce de leche (atau sos karamel masin) dan pukul sehingga puncak kaku terbentuk. Lipat perlahan separuh krim putar ke dalam adunan coklat, dan kemudian masukkan baki krim putar.

e) Tuangkan mousse ke dalam acuan silikon dan biarkan selama semalaman di dalam peti sejuk. Setelah set, keluarkan perlahan-lahan dari acuan.

SAYU CERMIN MERAH:

f) Campurkan gelatin dengan ½ cawan air dan ketepikan selama 5 minit.

g) Panaskan susu, gula dan air dalam periuk dengan api sederhana dan biarkan mendidih.

h) Masukkan gelatin yang telah kembang dan kacau sehingga larut.

i) Letakkan cip coklat putih dalam mangkuk kalis haba yang besar. Tuangkan adunan panas ke atas coklat dan biarkan selama 5 minit. Apabila coklat telah lembut, masukkan gel makanan merah dan gunakan pengisar rendaman atau pukul tangan untuk melicinkan adunan. Tuangkan adunan melalui ayak untuk mengeluarkan sebarang ketulan.

j) Biarkan sayu sejuk hingga 33°C sebelum menuang ke atas mousse yang telah ditetapkan. Jika terlalu nipis apabila dituang, biarkan selama 20 minit dan kemudian tuangkan lapisan kedua. Setelah semua mousse ditutup, sejukkan kek cawan dengan sayu cermin.

CUPKEKS:
k) Panaskan ketuhar kepada 160°C (320°F) atau 180°C (356°F) untuk ketuhar konvensional. Lapik loyang kek cawan dengan pelapik kek cawan.
l) Dalam mangkuk pengadun berdiri yang dipasang dengan lampiran dayung, satukan tepung, serbuk penaik, gula kastor dan garam. Campurkan dengan perlahan selama beberapa minit. Masukkan mentega lembut dan gaul sehingga menyerupai tekstur halus seperti pasir.
m) Dalam jag besar, pukul bersama susu, telur, yogurt (atau krim masam), minyak, dan ekstrak vanila.
n) Masukkan bahan basah ke dalam bahan kering secara perlahan dan tetap sehingga tiada bahan kering kelihatan. Kikis mangkuk, masukkan epal rebus, dan gaul selama 20 saat lagi.
o) Isi setiap pelapik kek cawan ¾ daripada jalan dan gerimis dengan sos karamel masin.
p) Bakar selama 30-35 minit atau sehingga pencungkil gigi yang dimasukkan keluar bersih. Benarkan kek cawan sejuk sepenuhnya di atas rak penyejuk dawai.

MENYELESAIKAN CUPKEKS:
q) Letakkan mousse set dengan berhati-hati di atas setiap kek cawan.
r) Hiaskan setiap kek cawan dengan penyedut kertas dan daun pudina sejurus sebelum dihidangkan.

97.Pai Whoopie Baldu merah

BAHAN-BAHAN:
- 2 cawan tepung serba guna
- 2 sudu besar serbuk koko tanpa gula
- 1 sudu kecil serbuk penaik
- 1/2 sudu teh baking soda
- 1/2 sudu teh garam
- 1/2 cawan mentega tanpa garam, dilembutkan
- 1 cawan gula pasir
- 2 biji telur besar
- 1 sudu teh ekstrak vanila
- 1/2 cawan buttermilk
- 1 sudu besar pewarna makanan merah
- Pembeku krim keju (dibeli di kedai atau buatan sendiri)

ARAHAN:
a) Panaskan ketuhar anda hingga 350°F (175°C). Alas lembaran pembakar dengan kertas parchment.
b) Dalam mangkuk sederhana, pukul bersama tepung, serbuk koko, serbuk penaik, soda penaik, dan garam. Mengetepikan.
c) Dalam mangkuk besar, pukul bersama mentega dan gula sehingga ringan dan gebu. Masukkan telur, satu demi satu, pukul dengan baik selepas setiap penambahan. Masukkan ekstrak vanila.
d) Masukkan sedikit demi sedikit bahan kering ke dalam bahan basah, berselang seli dengan buttermilk, gaul hingga sebati. Kacau dalam pewarna makanan merah.
e) Letakkan satu sudu besar adunan ke atas loyang yang disediakan, jarakkannya kira-kira 2 inci.
f) Bakar selama 10-12 minit, atau sehingga kuki ditetapkan. Keluarkan dari ketuhar dan biarkan sejuk sepenuhnya.
g) Setelah sejuk, sapukan krim cheese frosting pada bahagian rata satu biskut dan sandwic dengan biskut lain. Ulangi dengan baki kuki dan pembekuan.
h) Hidangkan dan nikmati!

98. Puding Roti Baldu merah Dengan Sos Bourbon

BAHAN-BAHAN:
- 6 cawan roti lama hari yang dipotong dadu (roti Perancis berfungsi dengan baik)
- 2 cawan susu
- 4 biji telur besar
- 1 cawan gula pasir
- 1/4 cawan serbuk koko tanpa gula
- 1 sudu teh ekstrak vanila
- 1 sudu besar pewarna makanan merah
- 1/2 cawan cip coklat
- Sos Bourbon:
- 1/2 cawan mentega tanpa garam
- 1 cawan gula pasir
- 1/4 cawan bourbon
- 1/4 cawan krim berat

ARAHAN:
a) Panaskan ketuhar anda hingga 350°F (175°C). Griskan loyang 9x13 inci.
b) Letakkan roti potong dadu dalam loyang yang telah disediakan.
c) Dalam mangkuk adunan, pukul bersama susu, telur, gula, serbuk koko, ekstrak vanila dan pewarna makanan merah sehingga sebati.
d) Tuangkan adunan ke atas kiub roti, tekan perlahan-lahan untuk memastikan semua roti direndam. Taburkan cip coklat di atas.
e) Bakar selama 35-40 minit, atau sehingga puding ditetapkan dan bahagian atas berwarna perang keemasan.
f) Semasa puding dibakar, buat sos bourbon: Dalam periuk, cairkan mentega dengan api sederhana. Masukkan gula, bourbon dan krim kental. Didihkan, kemudian kecilkan api dan reneh selama 5 minit, kacau sentiasa. Keluarkan dari api dan biarkan sejuk sedikit.
g) Hidangkan puding roti hangat, disiram dengan sos bourbon.

99. Raspberi Lamington

BAHAN-BAHAN:
UNTUK KEK SPAN SUSU PANAS:
- 5 biji telur
- 1 cawan susu penuh
- 6 sudu besar mentega
- 2 cawan gula (400 gram)
- 2 cawan tepung kek (220 gram)
- 2 sudu teh serbuk penaik
- ½ sudu teh garam
- 1 sudu besar ekstrak vanila

UNTUK RASPBERI SAYU:
- 2 sudu teh serbuk gelatin
- 1 cawan (200g) gula
- 1 cawan air
- 10 auns raspberi beku, dicairkan
- 2 cawan (250g) gula gula
- ¼ sudu teh pewarna makanan merah (pilihan)
- 2 cawan kelapa kering

ARAHAN:
UNTUK KEK SPAN SUSU PANAS:
a) Letakkan telur dalam semangkuk air suam untuk memanaskannya. Panaskan ketuhar hingga 350°F.
b) Gris dan tepung dua loyang kek segi empat sama 8 inci dan alas bahagian bawahnya dengan kertas minyak.
c) Dalam periuk, panaskan susu dan mentega dengan api perlahan sehingga mentega cair.
d) Dalam mangkuk adunan yang besar, pukul telur dan gula pada kelajuan tinggi selama 8 hingga 15 minit sehingga isipadu tiga kali ganda dan kuning pucat.
e) Ayak tepung, serbuk penaik, dan garam ke atas adunan telur dan kaup balik sehingga sebati.
f) Masukkan vanila ke dalam adunan susu suam, kemudian tuangkan ke dalam adunan dan kacau sehingga sebati.

g) Bahagikan adunan ke dalam loyang kek dan bakar selama 30-34 minit sehingga keluar pencungkil gigi bersih. Biarkan sejuk dalam kuali di atas rak dawai.

UNTUK SAPU RASPBERI DAN SAPUTAN KELAPA:

h) Taburkan gelatin ke atas ¼ cawan air dan biarkan lembut selama 5 minit.

i) Dalam periuk, panaskan air dan gula sehingga larut, kemudian masukkan raspberi dan masak selama 5-8 minit. Tapis adunan, tekan ke bawah untuk mengeluarkan cecair.

j) Gelatin yang telah dilembutkan dalam gelombang mikro sehingga sirap, kemudian pukul ke dalam campuran raspberi. Ayak gula manisan ke dalam mangkuk, tuangkan sirap raspberi ke atas, dan pukul sehingga rata. Masukkan pewarna makanan jika suka, kemudian sejukkan selama 15-20 minit sehingga sedikit pekat.

UNTUK MEMASANG:

k) Letakkan rak penyejuk dawai di atas loyang yang dialas dengan parchment. Potong tepi kek span dan potong menjadi segi empat sama 2 inci. Bekukan kotak yang dipotong selama 30 minit.

l) Sediakan sistem pengorekan 2 mangkuk dengan campuran raspberi dalam satu mangkuk dan kelapa dalam satu lagi.

m) Keluarkan petak kek dari peti sejuk, sudukan sayu raspberi pada setiap petak, kemudian salut dengan kelapa. Letakkan pada rak dawai.

n) Setelah semua petak bersalut, sejukkan selama 20-30 minit untuk ditetapkan.

100. Macarons Espresso Kulit Pudina

BAHAN-BAHAN:
UNTUK KERANG:
- 112 g tepung badam (anggaran 1 cawan)
- 230 g gula manisan (kira-kira 2 cawan)
- 105 g putih telur (anggaran 3 telur besar)
- Secubit garam
- 1/4 sudu teh krim tartar
- 50 g gula pasir (anggaran 1/4 cawan)
- 1/8 sudu teh ekstrak vanila
- 1/8 sudu teh ekstrak pudina
- Gel makanan merah

UNTUK KRIM PASTRI:
- 1 cawan krim berat
- 3 sudu besar serbuk koko
- 1 sudu teh serbuk espresso
- 2 sudu besar tepung
- 1/2 sudu teh tepung jagung
- 1/8 sudu teh garam
- 1/4 cawan gula
- 1/2 sudu teh ekstrak vanila
- 1/8 sudu teh ekstrak pudina
- 2 biji kuning telur

ARAHAN:
UNTUK KERANG:
a) Dalam pemproses makanan, satukan tepung badam dan gula gula. Nadi sehingga sebati dan tiada gumpalan yang tinggal. Mengetepikan.
b) Dalam mangkuk besar, pukul putih telur dengan garam dan krim tartar pada kelajuan tinggi sehingga berbuih.
c) Masukkan gula pasir secara beransur-ansur sambil terus dipukul pada kelajuan tinggi sehingga putih telur membentuk puncak lembut (apabila anda mengangkat pemukul, hujung putih telur dilipat ke atas sendiri).
d) Masukkan vanila dan ekstrak pudina, dan pukul sehingga puncak kaku terbentuk (hujung putih telur tidak berlipat).
e) Ayak tepung badam dan campuran gula manisan ke atas meringue. Buang sebarang rumpun yang tidak diayak dengan betul.
f) Masukkan adunan tepung perlahan-lahan ke dalam meringue menggunakan spatula. Tekan sedikit udara semasa anda melipat. Teruskan sehingga digabungkan sepenuhnya dan campuran menyerupai lava, mengalir perlahan dalam aliran yang sekata.
g) Sediakan beg paip dengan hujung paip bulat 1a. Titiskan pewarna makanan merah ke bawah 4 sisi beg paip untuk melihat berpusing. Pindahkan adunan ke dalam piping bag.
h) Paipkan kekra bulat 1 inci pada lembaran pembakar silikon atau dulang pembakar beralas kertas parchment. Hempas dulang di kaunter beberapa kali untuk mengeluarkan buih udara. Gunakan pencungkil gigi untuk meletuskan sebarang buih udara yang lebih besar.
i) Biarkan cengkerang kering selama 45 minit hingga 1 jam sehingga ia tidak lagi melekit apabila disentuh. Mereka harus membentuk kulit yang bagus dan kering sepenuhnya sebelum dibakar.
j) Panaskan ketuhar hingga 300°F (150°C).
k) Bakar satu dulang pada satu masa pada 300°F (150°C) selama 15-17 minit. Biarkan ia sejuk sepenuhnya sebelum dikeluarkan dari tikar pembakar atau kertas minyak.

UNTUK KRIM PASTRI:
l) Panaskan krim di atas api sederhana rendah dalam periuk sehingga suam sahaja.
m) Dalam mangkuk yang berasingan, campurkan serbuk koko, serbuk espreso, tepung, tepung jagung, garam dan gula.
n) Masukkan kuning telur ke dalam adunan kering dan gaul sehingga sebati.
o) Perlahan-lahan masukkan krim suam ke dalam bahan kering dan gaul sehingga rata.
p) Pindahkan semula adunan ke dalam periuk di atas api sederhana dan pukul berterusan sehingga ia menjadi pekat seperti puding. Keluarkan dari haba.
q) Masukkan vanila dan ekstrak pudina, kemudian tuangkan adunan melalui ayak halus ke dalam mangkuk.
r) Tutup krim pastri dengan bungkus plastik, pastikan bungkus plastik menyentuh bahagian atas krim untuk mengelakkan kulit daripada terbentuk. Letakkan di dalam peti sejuk selama sekurang-kurangnya 2 jam sebelum digunakan.
s) PERHIMPUNAN:
t) Setelah kulit macaron dan krim pastri siap, sudukan atau paipkan krim pastri ke bahagian bawah separuh kulit.
u) Sandwic kerang yang diisi dengan kerang yang tinggal untuk membuat sandwic macaron.
v) Simpan macaron di dalam peti sejuk selama sekurang-kurangnya 24 jam sebelum dimakan untuk membolehkan perisa berkembang sepenuhnya.

KESIMPULAN

Apabila kami sampai ke penghujung "Muktamad Baldu merah Bakar," kami berharap anda telah diilhamkan untuk menikmati dunia mewah baldu merah dan menerokai kemungkinan tidak berkesudahan yang ditawarkannya. Baldu merah adalah lebih daripada sekadar rasa; ia adalah simbol kemerosotan, keanggunan dan perayaan. Sambil anda meneruskan pengembaraan membakar anda, semoga setiap ciptaan baldu merah yang anda bakar membawa kegembiraan kepada dapur anda dan menggembirakan citarasa anda.

Apabila serbuk terakhir ciptaan baldu merah terbaharu anda dinikmati dan aroma hidangan yang baru dibakar semakin pudar, ketahuilah bahawa keajaiban baldu merah akan sentiasa kekal. Kongsi kecintaan anda terhadap baldu merah dengan rakan dan keluarga, bereksperimen dengan kombinasi perisa baharu dan biarkan kreativiti anda bersinar semasa anda mencipta karya agung baldu merah anda sendiri.

Terima kasih kerana menyertai kami dalam perjalanan yang memanjakan ini melalui dunia baldu merah. Semoga dapur anda dipenuhi dengan aroma koko yang kaya, meja anda dengan tarikan sajian baldu merah, dan hati anda dengan kegembiraan membakar. Sehingga kita bertemu lagi, selamat baking dan bon appétit!

www.ingramcontent.com/pod-product-compliance
Lightning Source LLC
Chambersburg PA
CBHW070653120526
44590CB00013BA/948